民法前沿问题研究

——网络信息、侵权责任、租赁住房

RESEARCH ON THE PREFACE OF CIVIL LAW

Network Information, Tort Liability, Rental Housing

汤 敏/著

中国政法大学出版社

2018·北京

图书在版编目（ＣＩＰ）数据

民法前沿问题研究：网络信息、侵权责任、租赁住房/汤敏著
北京：中国政法大学出版社，2018.6
　ISBN 978-7-5620-8324-5

　Ⅰ.①民… Ⅱ.①汤… Ⅲ.①民法－研究－中国 Ⅳ.①D923.04

　中国版本图书馆CIP数据核字(2018)第126140号

——

出　版　者　　中国政法大学出版社

地　　　址　　北京市海淀区西土城路 25 号

邮寄地址　　北京 100088 信箱 8034 分箱　邮编 100088

网　　　址　　http://www.cuplpress.com（网络实名：中国政法大学出版社）

电　　　话　　010-58908524(编辑部) 58908334(邮购部)

承　　　印　　固安华明印业有限公司

开　　　本　　880mm×1230mm　1/32

印　　　张　　8

字　　　数　　160 千字

版　　　次　　2018 年 6 月第 1 版

印　　　次　　2018 年 6 月第 1 次印刷

定　　　价　　39.00 元

目 录

第一章

网络服务提供者侵权责任研究

摘要：网络服务提供者侵权责任的特殊性在于特殊的侵权场域和便利被侵权人获得救济，其承担侵权责任的前提是通知和知道规则。通知规则之下，通知应当理解成被侵权人的不真正义务；网络服务提供者有信息披露义务，披露的时点应前移至网络服务提供者采取必要措施之时；网络用户和网络服务提供者基于原因力竞合的无意思联络数人侵权承担连带责任。知道规则之下，网络服务提供者也仅仅是就知道之后的损害扩大部分与网络用户承担连带责任。

关键词：网络服务提供者；信息披露义务；通知规则；知道规则；连带责任

21 世纪是互联网的世纪，互联网已经渗透人们生活的方方面面。以互联网为媒介的"互联网+"行动涉及几乎所有的产业领域，互联网已经成为人们生活的重要场域，人们的生活同时在线上和线下发生着。与此同时，线上的侵权事件层出不穷，法律应当积极回应互联网的发展，一方面为互联网事业的发展保驾护航，维护互联网经济效益；另一方面也要预防、制裁利用互联网为非作歹的行为，保护人们的合法权益，净化互联网这片碧海蓝天。

一、网络服务提供者过错侵权责任的特殊性

《侵权责任法》第 36 条规定了网络侵权责任，该条分为 3 款：第 1 款规定了网络侵权归责原则为一般过错责任原则，这是对该法第 6 条第 1 款在互联网侵权领域的具体化；第 2 款规定了"通知规则"，被侵权人通知网络服务提供者侵权事实之后，网络服务提供者需要采取必要措施制止侵权的继续扩大，否则就扩大部分与网络用户承担连带责任；第 3 款规定了"知道规则"，网络服务提供者在无需通知就已知道网络侵权事实的情况下，则应采取必要措施制止侵权，否则与网络用户承担连带责任。涉及连带责任的网络侵权纠纷中，存在着三方当事人：被侵权人、网络服务提供者、网络用户。网络用户作为直接侵权人，与被侵权人之间是简单的单一侵权关系；网络服务提供者和被侵权人之间关系较为复杂，需要根据前者"接到通知后知道"和"无需通知就知道"两种情形区分不同的法律效力。网

络服务提供者有广义和狭义之分，广义的概念包含一切提供网络服务的民事主体，《侵权责任法》规制的网络服务提供者责任主要适用于狭义的网络平台服务提供者，网络平台向网络用户提供平台设施以供后者发布网络信息，前者本身不发布网络信息，或曰：本身不提供内容，仅通过自身的服务为服务对象传播信息提供技术、设施支持的个人或组织。[1] 网络服务提供者侵权责任归责原则为过错责任，为何《侵权责任法》对此做出特殊规定？此即该责任的特殊性：

第一，侵权场域的特殊性。网络侵权置于网络这个广泛的领域，它要求服务者了解国内法的多个领域，了解许多跨境问题和更广泛的国际框架问题，更重要的是它要求网络服务者掌握多项基础技术。[2] 无论从技术还是从法律角度，网络侵权均对网络服务提供者提出了更高的要求。《侵权责任法》按照一般规定和特殊侵权责任列举这种模式立法，特殊侵权责任主要包括一般过错侵权责任的特殊化、过错推定侵权责任和无过错侵权责任以及损失分担规则。该法第 36 条关于网络侵权责任的规定之所以作为一种特殊侵权被规范，即在于其侵权场域的特殊性。正如前文所明，网络侵权中直接侵权人往往比较隐蔽，不易识别；另外，网络上的侵权产生的损害范围一般不可控，网

〔1〕 司晓：《网络服务商知识产权间接侵权研究》，北京大学出版社 2016 年版，第 15 页。

〔2〕 Maeve McDonagh and Michetl O'Dowd, "Cyber Law in Ireland", *Scripted*, Vol. 13, p. 399, 2016.

络信息点击、转发易使得侵权内容产生井喷式传播，对受害人权益侵害较为广泛。在网络侵权场域下，网络服务提供者负有法定删除侵权内容的义务。[1] 网络信息技术的发展对一国的法律制度提出了相当大的挑战，现行的规范和原则应该对每一个威胁和挑战都加以解决。[2]

第二，便利被侵权人获得救济。网络服务提供者侵权责任涉及第三人侵权即网络用户侵权。网络服务提供者往往只是提供了网络平台供网络用户使用，其对网络平台具有管理的职权，然而其并不对网络用户发布的网络信息的具体内容具有事前管理的义务，也就是说其不用事先审查网络用户发布的内容是否合法。[3] 主要的原因在于，网络信息浩瀚如烟，网络内容海量难辨，课以网络服务提供者事先审查的义务不仅没有实质意义，而且还会阻碍网络事业的积极健康发展，没有法理上的正当性。网络用户作为直接侵权人，利用网络服务提供者提供的网络平台，发布侵权内容，侵害他人民事权益，构成侵权行为；但是由于网络用户比较隐秘，不便查明真实身份，所以网络服务提供者侵权责任为网络被侵权人提供了救济便利。例如在蔡春杰

---

〔1〕 王利明教授称之为"法定的保护性义务"。参见王利明：《侵权责任法研究》，中国人民大学出版社 2016 年版，第 128 页。

〔2〕 Ido Kilovaty, "World Wide Web of Exploitations—The Case of Peacetime Cyber Espionage Operations under International Law：Towards a Contextual Approach", *the Columbia Science & Technology Law Review*, Vol. XVIII, 2016, p. 78.

〔3〕 杨立新：《〈侵权责任法〉规定的网络侵权责任的理解与解释》，载《国家检察官学院学报》2010 年第 2 期，第 5 页。

与北京新浪互联信息服务有限公司、张子明、黄大功因名誉权纠纷[1]中，法院审理认为，蔡春杰在本案中未提供证据证明张子明、黄大功是新浪博客"公安局长手记"的网络用户或涉诉博文的撰写者，故其要求张子明、黄大功承担侵权责任的事实依据不足，本院不予支持。据此可见，由于网络用户信息的隐蔽性，被侵权人往往难以知悉网络用户的真实身份，所以课以网络服务提供者侵权责任可以方便被侵权人获得相应的法律救济，这体现了现代侵权法的目的，"不重于制裁，而重于损害填补。"[2]

二、被侵权人通知规则

被侵权人获悉自己的权利受到侵害之时，有权通知网络服务提供者采取必要措施制止侵权行为。通知对于网络侵权的当事人意义重大：从被侵权人角度而言，其通过通知的形式行使自己的权利；从网络服务提供者角度而言，大多数情况下，其通过通知知晓侵权事实的存在。网络侵权侵犯的权利主要是人格权和知识产权，对于这两种权利的侵犯，持续时间越长，损害后果一般越严重；被侵权人知晓侵权事实之后，一方面希望停止损害的继续扩大，另一方面希望向侵权人主张赔偿等侵权责任。

---

〔1〕 北京市第一中级人民法院民事判决书（2014）一中民终字第03719号。

〔2〕 侯国跃：《中国侵权法立法建议稿及理由》，法律出版社2009年版，第76页。

（一）如何理解被侵权人"有权"通知

被侵权人知晓侵权事实之后，需要告知网络服务提供者，要求其通过网络技术手段停止侵害，《侵权责任法》第36条第2款的立法表达是"被侵权人有权通知网络服务提供者"，按照文义解释，通知应该是被侵权人的权利。然而，该"权利"真的是权利吗？权利的两张面孔是行使和放弃。首先，从权利行使角度理解通知的权利属性易为接受。被侵权人向网络服务提供者通知侵权事实制止侵权持续即为行使权利。[1] 受害人一旦通知，网络服务提供者就应当采取措施。[2] 然而，被侵权人是否可以放弃这样的权利？通知的"权利"和受侵害的权利是两种有别的法律利益，但如果放弃通知"权利"，那么其向后者主张侵权责任是没有请求权基础的。一种权利的放弃影响另一种权利的消灭，此处的"有权"并不是真正意义上的权利：被侵权人行使之，则会产生法律上的强制效力，那就是网络服务提供者必须采取删除等措施，否则其将承担相应的侵权责任；被侵权人放弃之，则会产生对其不利的法律后果，那就是丧失向网络服务提供者主张的请求权基础。据此，回归私法领域，此处的"有权"与其说是"权利"，不如说是被侵权人的"不真正义务"。

---

〔1〕 当然，通知是需要证据伴随的。被侵权人提供的初步证明材料至少要包括被侵犯的权利归属的证明文件，构成侵权责任要件的事实证据。杨立新、李佳伦：《论网络侵权责任中的通知及效果》，载《法律适用》2011年第6期，第41页。

〔2〕 王利明：《论网络侵权中的通知规则》，载《北方法学》2014年第2期，第39页。

（二）通知的效力

通知意欲产生停止侵害的法律后果，其必然具备法律上的强制约束力，这就是通知的效力。具体言之，通知的效力就是"网络服务提供者采取删除、屏蔽、断开链接等必要措施"；未通知之下，网络服务提供者没有采取这样措施的义务。也就是说，通知与否决定了网络服务提供者法定作为义务的产生与否，网络服务提供者可以以未通知作为抗辩事由。例如在北京百度网讯科技有限公司与浙江建人专修学院网络侵权责任纠纷[1]中，法院审理认为，现有证据无法证明浙江建人专修学院在诉前履行了符合要求的通知义务，而在诉讼过程中，百度公司也按浙江建人专修学院提供的链接进行了及时的删除，故浙江建人专修学院以百度公司网络侵权为由要求百度公司删除所有侵权网页、赔礼道歉、赔偿损失，依据不足，本院不予支持。该裁判要旨的主要依据在于"理论上应当推定，网络服务提供者对网上的侵权信息是不知情的"。[2] 实践中还存在这样的问题，通知之后认定侵权事实的主体、认定的标准为何？毕竟被侵权人通知网络服务提供者之后，网络服务提供者需要采取必要的措施，但如果其不能确定侵权事实的存在，这种措施的实施可能就是不正当的。表面而言，网络服务提供者是认定侵权事实的主体，但需要注意的是，通知中所述行为是否构成侵权以及

---

〔1〕 浙江省杭州市中级人民法院民事判决书（2013）浙杭民终字第 3232 号。
〔2〕 何志、侯国跃主编：《侵权责任纠纷裁判依据新释新解》，人民法院出版社 2014 年版，第 142 页。

网络服务提供者是否需要承担连带的侵权责任，仍然需要经过法院审判作出最终的判决。[1] 网络服务提供者毕竟不是司法机关，其对侵权事实的认定不具有终局性，其形式审查并不会对网络用户产生较大的损害，其实质审查倒可能扩大被侵权人权利损害。归根结底，对网络侵权事实的认定还是要回归到司法程序。

（三）被侵权人通知时提供的证据标准

网络服务提供者自接到通知时就负有法定的审查义务：如果网络服务提供者认定网络用户没有侵权，那么其在诉讼过程中可能因认定错误而需承担连带责任；如果认定网络用户侵权，那么一旦法院认定不构成侵权，网络服务提供者可能对网络用户负有违约责任。[2] 网络服务提供者就处于这样尴尬的两难境地。这里最关键的问题即在于网络服务提供者对于侵权事实的审查该达到何种标准？有学者认为是"初步证据一般标准"，有学者认为是"法定标准司法效力"，这其实还是立法过程中，网络自由与权利安全两种法律价值的较量。如果仅仅要求被侵权人提供的证据达到一般标准，那么对被侵权人的保护是有利的，这主要体现侵权法维护安全的价值；如果要求被侵权人提供的证据达到较高的标准，那么对网络用户和网络服务提供者是有利的，这主要体现侵权法维护自由的价值。

---

〔1〕 张新宝:《侵权责任法》，中国人民大学出版社 2010 年版，第 172 页。

〔2〕 梅夏英、刘明:《网络服务提供者侵权中的提示规则》，载《法学杂志》2010 年第 6 期，第 8 页。

1. 较低标准，形式审查

较低标准认为：由于通知规则的根本意义之一就是将网络服务提供者从准司法角色的负担中解脱出来，因此如果仍然要求网络服务提供者对权利通知的内容进行实体性审查，那么避风港作为附加保护的意义必然大打折扣。[1] 简而言之，较低标准关注的是网络服务提供者对侵权事实作出简单的形式审查即可，尽到形式审查义务即可免责。

2. 较高标准，实质审查

较高标准要求网络服务提供者适当提高审查标准，审慎对待审查对象，采取类似于英美法系的"合理人"的标准进行审查。法律应明确规定，网络服务提供商只有在权利人提供了符合法定标准或具有司法效力而非仅具有普通证明力的侵权行为认定文书后，仍然不采取相关行动的，才需要对侵害扩大部分承担连带责任。[2] 较高标准关注的是网络服务提供者对侵权事实作出谨慎的实质审查，如果未尽到实质审查义务，就要与网络用户承担连带责任。

3. 折中标准

有学者认为较高标准和较低标准都不符合中国的国情，两种标准均存在过分偏重于某一方保护的问题，于是认为：考虑

---

〔1〕　刘家瑞：《论我国网络服务商的避风港规则——兼评十一大唱片公司诉雅虎案》，载《知识产权》2009 年第 2 期，第 21 页。

〔2〕　梅夏英、刘明：《网络服务提供者侵权中的提示规则》，载《法学杂志》2010 年第 6 期，第 8 页。

中国的国情，《侵权责任法》在适用中，应区分公共事务与私人事务的表达自由；对公共事务应采取最大宽容原则，尽量减少限制，避免"寒蝉"效应的出现；针对私人事务，则对言论的限制可更多一点。[1]

4. 形式审查更为可采

如前所述，网络侵权之中的核心问题在于网络用户的言论自由和被侵权人的权利保护之间的矛盾该如何协调，"既要依法确定网络服务提供者的侵权责任，又要保护好互联网事业的健康发展"[2]。通知的证明标准问题也反映了这对矛盾。较低的通知证明标准显然有利于保护被侵权人的权利，较高的通知证明标准显然有利于保护网络用户的言论自由。立法并未言明采纳何种标准，则需要解释方得适用法律。首先，从保护网络用户言论自由角度而言，《侵权责任法》第36条作出了应有的姿态，该条规定网络侵权的归则原则为一般过错原则，并不是过错推定责任抑或无过错责任，较轻的归责原则有利于保护互联网技术的发展。同理，通知规则中也不应课以网络服务提供者较高的注意义务。其次，网络用户可以利用反通知规则对抗。较低标准也要求被侵权人初步证明侵权事实的存在，只不过此处是形式审查，也有一定的审查期限；即使形式审查通过，网络服务提供者也会通知网络用户，这里就会有反通知规则的适

---

〔1〕 谢鸿飞：《言论自由与权利保护的艰难调和》，载《检察风云》2010年第3期，第27页。

〔2〕 杨立新：《侵权责任法》，北京大学出版社2014年版，第216页。

用空间，该规则也能维护网络用户的利益。反通知的证明标准也应当采用形式标准。最后，从两造权利需要保护程度而言，网络用户的利益在于网络表达的自由，这种自由不宜以他人人格权利为代价。当两者出现冲突时，网络用户的权利适度让步于被侵权人的权利并未超越对表达自己的适度限制。《信息网络传播权保护条例》第14条规定，权利人仅提供构成侵权的初步证明材料即可。即便如此，也有学者认为，形式审查也应区分不同侵害的民事权益：涉及著作权侵权的，可以立即删除、断开链接；涉及商标侵权的，网络服务提供者应要求网络用户在合理期限内发出反通知，此后若当被权利人再次认定为侵权，此时才可以删除、断开链接；涉及人格权侵权的，删除信息一般不会造成服务对象的经济损失。[1]

（四）网络服务提供者信息披露义务

网络服务提供者采取措施之后是否有披露侵权人的义务？司法实践能给我们一些启发，在石树青因与被上诉人北京百度网讯科技有限公司名誉权纠纷[2]中，法院审理认为，在本案诉讼过程中百度公司向石树青披露了相关的网络用户信息，包括涉嫌侵权用户的IP地址和相关注册信息，维护了石树青就保护自身合法权益享有的信息知情权。在田兵因与广州网易计算机

---

〔1〕 申屠彩芳：《网络服务提供者侵权责任研究》，浙江大学出版社2014年版，第160—161页。

〔2〕 北京市第一中级人民法院民事判决书（2016）京01民终538号。

系统有限公司、郭兴根网络侵权纠纷[1]中，法院认为，对于是否应责令广州网易公司提供网络用户×××的用户信息，应当遵循价值平衡的原则，应衡平保护田兵权利与网络用户隐私以及网络服务提供者的合法权益。根据现有的证据材料及田兵的陈述能够认定，涉案博文不构成侵犯田兵名誉权的可能性非常大，本案中，缺乏责令广州网易公司提供×××网络用户个人信息的必要性。

《信息网络传播权保护条例》第25条[2]规定了网络服务提供者信息披露义务，网络服务提供者有义务提供网络用户的相关信息，该条仍然存在以下问题：

第一，披露对象问题。网络服务提供者有义务向被侵权人提供网络用户的相关信息吗？根据文义解释，我们似乎得不出这样的结论。但两则案例均释放了这样的信息：当网络服务提供者初步认定网络用户有侵权的"嫌疑"、"可能性"时，应当向被侵权人披露网络用户的相关信息，反之否之。网络侵权往往较为隐蔽，被侵权人往往无法获悉侵权人的真实信息，信息披露使得被侵权人可以知晓侵权人，这有利于被侵权人保护。

第二，披露时点问题。网络服务提供者信息披露义务何时

---

〔1〕 山东省东营市中级人民法院民事判决书（2015）东民一终字第283号。

〔2〕《信息网络传播权保护条例》第25条：网络服务提供者无正当理由拒绝提供或者拖延提供涉嫌侵权的服务对象的姓名（名称）、联系方式、网络地址等资料的，由著作权行政管理部门予以警告；情节严重的，没收主要用于提供网络服务的计算机等设备。

产生？根据条例规定我们似乎无法看出披露时点，前引两则案例中信息披露义务在诉讼过程中方开始产生。然而，如果仅诉讼时披露，被侵权人损害将会扩大至诉讼时。从披露义务的目的角度解释，披露义务在于通过向被侵权人披露网络用户的信息从而使得被侵权人方便获悉具体侵权人进而向其主张赔偿维护自身的合法权利。既然网络服务提供者有向被侵权人信息披露的义务，那么其披露的时点就应该前移至网络服务提供者采取必要措施之时。

第三，披露要件问题。信息披露义务的产生要件是否需要网络服务提供者对侵权事实作出实质审查？通知删除义务的证明标准问题与信息披露要件的标准问题是两个关联密切却性质不同的问题。上文已经论述被侵权人通知网络服务提供者采取必要措施只需承担较低证明标准，后者对前者也只是形式审查。那么，此处的披露义务是否需要实质审查呢？"在任何情况下，我们需要放弃这样的想法，人的自主性能够通过强制披露作出更好的决策。"[1] 信息的强制披露很可能给社会带来危机，我们很难排除这样的想法，被侵权人利用披露的信息从事危害行为，这对于网络的发展将是致命性的，我们应审慎对待网络服务提供者的信息披露义务，对信息披露采用较高的严格标准。前引两则案例中，从认定前提角度而言，网络服务提供者只有在自己认定网络用户涉嫌侵权的情形下才有义务披露信息。从

---

　　〔1〕　OmriBen-Shahar & Carl E. Schneider, "The Failure of Mandated Disclosure", *University of Pennsylvania Law Review*, Vol. 159, p. 749, 2011.

利益冲突角度而言，这里涉及的利益冲突并非网络用户言论自由和被侵权人人格权等权利的冲突，而是网络用户的隐私权与被侵权人的名誉权等人格权利的冲突，两者权利属性相同没有特别倾斜保护一方的正当性。

（五）被侵权人通知错误的法律效力

《信息网络传播权保护条例》第24条[1]规定了被侵权人通知错误的法律后果。根据该条规定，"网络用户也只能按照一般侵权行为的追责方式，要求错误通知发出人承担单独责任，而不能将网络服务提供者作为追责对象。"[2] 据此而言，似乎网络用户只能向错误通知人主张侵权责任，那么该侵权责任的承担形式为何？网络用户可以向网络服务提供者主张恢复链接，只不过这种主张是否是网络服务提供者的责任，则需要进一步探讨。网络服务提供者仅仅是提供网络平台的一方，其并不是网络侵权内容的发布者，也不是要求网络内容删除者，其与被侵权人之间可能形成侵权法律关系，其与网络用户之间存在网络服务协议关系。错误删除一般被认为是网络服务提供者违反了合同的义务，其并不对网络用户承担相应的侵权责任，但是基于网络服务协议的继续有效，网络服务提供者应当基于合同义务继续履行合同内容。据此，恢复链接的义务并非是网络服

---

〔1〕《信息网络传播权保护条例》第24条：因权利人的通知导致网络服务提供者错误删除作品、表演、录音录像制品，或者错误断开与作品、表演、录音录像制品的链接，给服务对象造成损失的，权利人应当承担赔偿责任。

〔2〕梅夏英、刘明：《网络侵权中通知规则的适用标准及效果解释》，载《烟台大学学报（哲学社会科学版）》2013年第3期，第33页。

务提供者的侵权责任，而是其继续履行合同的义务。网络服务提供者为了避免承担这样的违约责任，王竹教授建议建立通知担保规则："当接到通知的网络服务提供者难以认定通知事项是否构成侵权而担心承担违约责任时，有要求通知发出人提供相应的担保，以便要求其承担因错误通知而导致的赔偿责任。"〔1〕这种观点似乎对网络侵权的维护设置了较多的障碍，如果被侵权人需要提供担保，则通知的权利规则无丝毫意义，此处不宜采用通知担保规则。

三、侵权人知道规则：网络服务提供者和网络用户的连带责任

根据《侵权责任法》第 36 条，网络服务提供者侵权责任的法律效果是与网络用户承担连带责任。《民法总则》第 178 条第3 款规定，连带责任，由法律规定或者当事人约定，网络侵权中的连带责任即为由法律规定的连带责任，或曰连带责任的法定主义。但就此规范而言也存有疑惑，以下三个问题需要进一步解决：首先，网络服务提供者何以与网络用户承担连带责任，此处连带责任的法理基础为何？其次，网络服务提供者毕竟不是直接网络侵权人，其介入网络侵权之中应从何时开始承担连带责任？最后，知道规则之下，网络服务提供者是要对整个侵权损害后果承担责任还是仅对扩大部分承担连带责任？

---

〔1〕 王竹、舒星旭：《从网络侵权案例看"提示规则"及其完善》，载《信息网络安全》2011 年第 5 期，第 67 页。

（一）网络服务提供者与网络用户的连带责任的法理基础

既然侵权责任中连带责任的承担需要法律的特别规定，法律的特别规定需要考虑特别的法律政策，网络服务提供者和网络用户承担连带责任的基础为何？

1. 网络服务提供者与网络用户的连带责任

一般而言，侵权责任法上的连带责任有三种发生情形：一是共同侵权行为产生连带责任，二是共同危险行为产生连带责任，三是无意思联络数人侵权都足以造成全部损害而产生的连带责任。对应的分别是《侵权责任法》第8、10、11条，特殊侵权行为中的连带责任大多包含于这三种类型，那么网络侵权中的连带责任又是何种情形？学界对于网络服务提供者与网络用户的连带责任的法理基础存在不同认识，我们需要进一步厘清此处连带责任的法理基础，以形成连带责任原因行为体系的共识。

（1）共同侵权，连带责任。学界主流观点认为，网络服务提供者和网络用户基于共同侵权承担连带责任。王利明教授认为因共同过错而生共同侵权；[1] 吴汉东教授认为共同侵权是因为"网络服务提供者所承担的责任是一种第三方主体负责的特殊责任，但不是替代责任"[2]，此种特殊责任是基于帮助身份

─────────

〔1〕 王利明：《侵权责任法研究》，中国人民大学出版社2016年版，第145页。

〔2〕 吴汉东：《侵权责任法视野下的网络侵权责任解析》，载《法商研究》2010年第6期，第29页。

的间接责任[1]。也有观点认为，"网络服务提供者知道存在侵权事实，而不及时采取必要措施，就属于对网络用户侵权行为的放任，主观上具有间接故意"。[2]

（2）公共政策，连带责任。杨立新教授对共同侵权提出了质疑，他认为，网络服务提供者与网络用户的连带责任"并非是共同侵权行为，而是基于公共政策考量而规定的连带责任。"[3]

（3）原因力竞合的无意思联络数人侵权。笔者认为网络侵权中的连带责任不属于共同侵权而产生的连带责任。《侵权责任法》第8条规定的连带责任特别强调"二人以上共同实施侵权行为"，此处的共同侵权行为强调的是具有意思联络的共同故意侵权，而网络服务提供者和网络用户一般不具有这样的共同意思，所以不属于共同侵权连带责任。共同侵权之所以让行为人承担连带责任，其实质在于，一个行为人不仅认识到或可预见到自己主观的故意、自己行为产生的损害后果，而且还明知共同行为中他人的主观故意、他人行为产生的损害后果；而在所谓的共同过失理论中，部分行为人显然无法明知或预见到其他人的主观、其他人行为产生的损害后果。当然，实践中如果真

---

〔1〕　吴汉东：《论网络服务提供者的著作权侵权责任》，载《中国法学》2011年第2期，第40页。

〔2〕　何志、侯国跃主编：《侵权责任纠纷裁判依据新释新解》，人民法院出版社2014年版，第146页。

〔3〕　杨立新：《侵权责任法》，北京大学出版社2014年版，第221页。

的存在有意思联络的网络侵权，则应当按照共同侵权处理。此外，网络侵权中的连带责任的事由并不需要借助位阶较高的公共政策价值，因为任何连带责任的规定都包含公共政策考量：共同侵权中考量的公共政策是对共同主观恶意的制裁，共同危险行为考量的公共政策是对共同客观恶意的制裁。此处网络侵权中的连带责任也是出于某种公共政策的考量，重点是出于何种公共政策考量课以两者连带责任？笔者认为此处连带责任的法理基础在于《侵权责任法》第 11 条，无论是通知之后知道还是无需通知的知道，网络服务提供者的主观状态应当是故意，网络用户的主观状态也是故意，在多数人侵权之中，故意与故意的结合并不必然是共同侵权，还有可能是共同危险或者原因力竞合的无意思联络的数人侵权。此处并非共同危险行为，共同危险行为的重点在于危险行为的共同施行，我们很难说网络服务提供者施行了危险行为。两者故意的结合只能是无意思联络数人侵权，其一，两者在主观上是分别故意，并无无意思联络，满足无意思连带侵权构成要件之一，双方无意思联络。其二，两者的行为都足以造成损害的发生，如果没有网络用户的发布行为，则不会存在依赖网络的损害；如果没有网络服务提供者的消极不作为，也不会产生依赖网络的损害。如果两者都履行自己应尽的义务，则损害会完全不发生，即尽管网络用户侵权，一旦网络服务提供者积极作为，则不会产生损害；同样地，网络用户不发布侵权内容，也不会产生损害，两者均足以造成损害，满足无意思联络侵权的构成要件之二。综合两者，宜将此处的连带责任理解为无意思连带的数人侵权，其连带责任的事由就在于每个责任主体的行为均足以造成损害。

2. 连带责任的质疑与决疑

《侵权责任法》规定了网络服务提供者和网络用户的连带责任，但是有学者对此处连带责任的规范提出了质疑。

（1）不真正连带责任。此种观点认为，网络服务提供者的责任并不是典型的连带责任，[1] 网络服务提供者责任属于间接侵权责任，属于单独责任和最终责任范畴，成立不真正连带责任。[2] 从因果关系角度言之，造成被侵权人损害的全部原因在于利用网络实施侵权行为的网络用户，其行为对损害结果发生的原因力为百分之百，其过错程度亦为百分之百。[3] 从侵权责任法的预防功能角度言之，不真正连带责任下的全部追偿，这有利于预防侵权行为的发生。[4]

（2）不当得利返还请求权。此种观点的法理基础在于请求权顺位，"在两种请求权都可能存在的情况下，我们没有理由不适用不当得利返还请求权而适用侵权行为损害赔偿请求权。"[5]

---

[1] 吴汉东：《论网络服务提供者的著作权侵权责任》，载《中国法学》2011年第2期，第44页。

[2] 司晓：《网络服务商知识产权间接侵权研究》，北京大学出版社2016年版，第202页。

[3] 杨立新：《侵权责任法》，北京大学出版社2014年版，第221页。

[4] 周友军：《论网络服务提供者的侵权责任》，载《信息网络安全》2010年第3期，第58页。

[5] 马新彦、姜昕：《网络服务提供者共同侵权连带责任之反思——兼论未来民法典的理性定位》，载《吉林大学社会科学学报》2016年第1期，第79页。

（3）补充责任。有学者认为，连带责任过于严苛，并不能预防侵权行为的发生，违反注意义务的网络服务提供者承担补充责任比较合适。[1] 此种观点似乎改变了现行法的规制，使得被侵权人只能先诉直接侵权人，当作为直接侵权人的网络用户不能赔偿、赔偿不足或者无法确定具体侵权人时方能向作为间接侵权人的网络服务提供者主张侵权责任。这种观点的依据在于网络服务提供者保护的力度需要加强。网络服务提供者是网络空间这一社会生活场域的守护者，其充当着一定意义的网络秩序安全保障的角色，补充责任既兼顾权利人利益和网络用户自由，也可以使负有不同程度注意义务的网络服务提供者承担相应的责任，符合引入激励理论的利益平衡原则。[2]

（4）连带责任质疑的决疑。首先，《侵权责任法》第 36 条不属于不真正连带责任。因为从对内效力而言，不真正连带责任强调中间责任对终局责任人的完全追偿，而该法第 36 条的立法规范却并没有这样的价值旨趣，网络服务提供者并不能向网络用户完全追偿，其承担连带责任之后的内部追偿也仅仅是追偿自己没有过错的部分，言外之意就是，其对自己的过错导致的损害扩大部分还是应当承担自己责任。王利明教授认为，因为内部各方是按过错分担责任的，所以网络服务提供者不能要

〔1〕 司晓：《网络服务商知识产权间接侵权研究》，北京大学出版社 2016 年版，第 205 页。
〔2〕 王晋：《网络服务提供者著作权侵权责任研究》，知识产权出版社 2016 年版，第 123 页。

求网络用户承担全部的责任。[1] 其次，不当得利返还请求权的适用容易架空侵权责任。不当得利的构成要件与侵权责任的构成要件有重合之处，但也不能忽视侵权责任的独立价值。网络侵权责任构成要件还要求网络用户主观上具有过错，这点是不当得利所无法企及的。最后，补充责任的规定也需要法律的特殊规定，就目前解释论立场，连带责任是必然的结论，如果变连带责任为补充责任，需要提供充分的论证依据，而仅以有利于网络服务提供者不足以推翻现行规定，因为那样对被侵权人获得救济是不利的。

（二）网络服务提供者连带责任承担的起算时点

网络服务提供者连带责任的承担的起算时点需要考虑网络服务提供者采取措施的时间点。"第36条规定网络服务提供者采取必要措施的时间要求是'及时'。这是法官的自由裁量范围，但这个'及时'一定不会很长，应当给予网络服务提供者一个能够做出判断的适当时间。"[2] 《最高人民法院关于审理侵害信息网络传播权民事纠纷案件适用法律若干问题的规定》第14条规定：人民法院认定网络服务提供者采取的删除、屏蔽、断开链接等必要措施是否及时，应当根据权利人提交通知的形式，通知的准确程度，采取措施的难易程度，网络服务的性质，所

---

〔1〕 王利明：《我国民法典重大疑难问题之研究》，法律出版社 2016 年版，第677 页。

〔2〕 杨立新：《〈侵权责任法〉规定的网络侵权责任的理解与解释》，载《国家检察官学院学报》2010 年第 2 期，第 6 页。

涉作品、表演、录音录像制品的类型、知名度、数量等因素综合判断。通知规则以网络服务提供者采取措施的时间为基础，具体到通知规则之下，网络服务提供者侵权责任的起算时点为何？王利明教授认为"以接到通知的时间为损害判断的时点"。[1]《侵权责任法》第 36 条第 2 款规定了网络服务提供者有"及时采取必要措施"的义务，网络服务提供者采取必要措施存在着合理期限，合理期限之后未采取必要措施的，方承担侵权责任，而这个合理期限的终止时间"应由法官通过安检的基本情况综合考虑技术信息、管理方式等因素来加以判断"。[2]网络服务提供者侵权责任的起算时点应以采取必要措施合理期限届满之日为准，这个时点是迟于接到通知的时间，这样可以给予网络服务提供者必要的审查时间。

（三）知道规则下，网络服务提供者连带责任范围

知道规则之下，网络服务提供者连带责任的范围究竟多大，是全部损害抑或仅对扩大部分损害承担责任？如果其采取了必要措施仍然不能阻止损害扩大，该如何处理？

1. 全部损害抑或扩大部分损害

《侵权责任法》第 36 条第 3 款之下，网络服务提供者在知道的情形下，与网络用户的连带责任范围有多大？其是就被侵

---

〔1〕 王利明：《侵权责任法研究》，中国人民大学出版社 2016 年版，第 137 页。

〔2〕 王利明：《侵权责任法研究》，中国人民大学出版社 2016 年版，第 134 页。

权人全部损害承担连带责任还是仅就网络服务提供者知道之后的全部损害承担连带责任？杨立新教授赞成前者："第3款是就全部损害承担连带责任，网络服务提供者对网络用户利用网络实施侵权行为是明知的，因此，对造成的所有损害都应该负责。"[1] 程啸教授赞成后者，"因为如果网络服务提供者根本不知道或者不应当知道网络侵权行为的存在，要求其对知道之前的那部分损害也负赔偿责任，显非合理"。[2] 知道规则之下，网络服务提供者也仅仅是就知道之后的损害扩大部分与网络用户承担连带责任，其不对知道之前的侵权事实承担责任，除非有证据证明其在侵权开始之时就已知道侵权事实。基于原因力竞合的无意思联络数人侵权导致连带责任的发生，网络服务提供者侵权的原因力介入自其知道之时起算，在知道之前其侵权原因力并未发生，迫使其承担其未介入的侵权责任，实属欠缺正当性基础。

2. 必要措施未能制止损害扩大的处理

《最高人民法院关于审理侵害信息网络传播权民事纠纷案件适用法律若干问题的规定》第8条第3款规定：网络服务提供者能够证明已采取合理、有效的技术措施，仍难以发现网络用户侵害信息网络传播权行为的，人民法院应当认定其不具有过错。"如果网络服务提供者虽然采取了必要的措施，仍然未能阻止损害结果的进一步扩大，则网络服务提供者不对此承担侵权

---

〔1〕　杨立新：《侵权责任法》，北京大学出版社2014年版，第219页。
〔2〕　程啸：《侵权责任法》，法律出版社2015年版，第456页。

责任。"[1]

四、结语

《侵权责任法》第36条第2、3款规定了通知规则和知道规则，网络服务提供者违反该规则的，应当承担相应的侵权责任。当网络服务提供者无论受通知知晓侵权事实还是未受通知就知道侵权事实，其都有法定作为义务采取必要措施防止侵权损害的进一步扩大，否则就是违反作为义务的不作为侵权，从而与网络用户承担连带责任。首先，网络服务提供者侵权责任的特殊性在于方便被侵权人获得救济和侵权场域的特殊性。其次，网络服务提供者承担侵权责任的前提是通知和知道规则。通知规则之下，通知应当理解成被侵权人的不真正义务，其放弃行使将使网络服务提供者获得承担责任的抗辩事由。通知的效力是网络服务提供者需要采取必要措施制止侵权继续扩大。被侵权人通知时提供的证据只需要满足侵权事实的较低证明标准即可，网络服务提供者只需进行形式审查。网络服务提供者有义务在采取相关措施之时根据被侵权人提供的较高标准来判断是否向被侵权人披露网络用户的相关信息。被侵权人通知错误应当对网络用户承担相应的赔偿责任，网络服务提供者也需要承担继续履行网络服务协议的义务。最后，网络用户和网络服务提供者基于原因力竞合的无意思联络数人侵权承担连带责任。

---

[1] 张新宝：《侵权责任法》，中国人民大学出版社2010年版，第173页。

网络服务提供者侵权责任的起算时点应以采取必要措施合理期限届满之日为准。知道规则之下,网络服务提供者也仅仅是就知道之后的损害扩大部分与网络用户承担连带责任,其不对知道之前的侵权事实承担责任,除非有证据证明其在侵权开始之时就已知道侵权事实。

第二章

个人敏感信息保护的欧美经验及其启示

摘要："互联网+"场域下，欧美立法中对于消费者个人信息的保护已显得捉襟见肘。欧美新一轮的立法改革重点对个人敏感信息作出特别规定：重新定义敏感信息、强化消费者对个人敏感信息的控制、加重经营者的责任、改善消费者个人敏感信息跨境传输。我国应借鉴欧美立法经验，引入具体场景的风险管理理念作为立法径路，以"关联性"定义消费者信息、"动态管理风险"强化消费者对信息的控制、"隐私风险"差异化标准划定经营者责任、建立配套管理体系保证消费者信息跨境流通。

关键词： 个人敏感信息；欧美经验；具体场景理论；风险管理理念

一、引言

"互联网+"时代，商业模式因云计算的超前应用发生了重大变革。个人信息的利用机遇与挑战并存，谷歌在 2015 年产值达到 745.4 亿美元，其中 90.4% 来自于人们的广告信息，可想而知谷歌有多了解关于个人的有价值的信息。[1] 然而信息泄漏问题却相当严峻，以美国为例，过去 10 年来，信息泄漏的数量大幅增加，数以百万的美国个人信息消费记录受到侵害，2009—2015 年，全球信息安全状况调查监测到的信息泄漏行为年增长率为 66%。[2] 企业为了追求更高的"数字红利"，更加积极地运用大数据分析处理个人敏感信息，这无疑给个人敏感信息的保护带来巨大威胁。大数据背景下，信息的流动性使信息合理使用的边界越来越模糊，交易信息被大量收集和利用，衍生的网络诈骗和人身侵害等事件层出不穷。这一问题引起了全球的普遍重视，各国纷纷审视既有法律制度供给的不足，继而进行立法改革，以平衡信息安全和信息使用之间的冲突，其

---

〔1〕 Andrews L B., "iSpy: Threats to Individual and Institutional Privacy in the Digital World", *AALL Spectrum*, 21（2017），23.

〔2〕 Riedy M. K., Hanus B., "Yes, Your Personal Data is at Risk: Get over it", *SMU Sci. & Tech. L. Rev.*, 3（2016），11.

中，最为典型的当属欧盟《一般数据保护条例》以及美国《消费者隐私权利法案（草案）》。本章旨在对两部法案中关于个人敏感信息保护的改进规定予以梳理和对比，为我国个人信息保护制度的构建提出建议，也希望能为图书馆管理过程中对读者个人敏感信息的保护提供妥适的建议，俾供参考。

二、"互联网+"场域下欧美消费者个人敏感信息保护的滥觞

欧盟和美国对个人信息的保护采取不同的模式：欧盟倡导统一立法模式，即国家统一立法，统一规范国家机构和民事主体对个人信息收集、处理和利用的立法模式；美国采用安全港模式，即将国家立法模式和民事主体的自律模式相结合的综合保护模式。[1] 不同的立法模式，对消费者个人信息保护的径路虽有差异，但殊途同归，都是在应对"互联网+"时代个人信息面临的巨大威胁。欧盟对消费者个人信息的保护主要规定于1995年的《欧盟个人数据保护指令》之中；美国将个人信息的保护纳入隐私权的涵射范围内，对消费者个人信息的保护零碎地体现在各州与地区数以百计的隐私数据法规中。一般而言，无论法规抑或学者的论述中都会使用"敏感信息"这一术语，但很少对其进行界定，更多的是类型化列举。[2] 个人敏感信息

---

〔1〕 齐爱民：《拯救信息社会中的人格：个人信息保护法总论》，北京大学出版社 2009 年版，第 194 页。

〔2〕 Ohm P., "Sensitive Information", *S. Cal. L. Rev.*, 88（2015），1132.

是消费者个人信息中最为重要的信息，各国都采取措施予以保护性规定。由于欧美法律文化传统的不同，导致它们对消费者个人敏感信息的规定也不相同。

（一）个人敏感信息内涵及其判断标准之欧盟经验

将个人数据划分为一般信息与敏感信息是欧盟关于个人信息保护立法的一大特色。1995 年欧盟在《欧盟个人数据保护指令》[1]（以下简称《数据保护指令》，欧盟立法上使用个人数据概念，从其全文可以看出个人数据和个人信息在内涵上是一致的，本章也不区分个人数据和个人信息）第 8 条第 1 款规定了特殊类型信息，即敏感信息，它是指透露种族、民族本源、政治观点、宗教信仰、世界观、工会关系以及与健康和性生活有关的个人信息。这一定义反映了人权保障在个人信息保护领域的制度化表达。这些信息之所以作为特殊类型进行保护是因为其涉及个人隐私，且易受侵害。《数据保护指令》第 8 条第 2 款还对敏感信息处理规定了较一般信息更高的保护标准，如"处理该类信息必须是为了公共利益或者健康、经当事人同意且其所属成员国国内法没有禁止"等。从《数据保护指令》对敏感信息的定义可以看出，欧盟对敏感信息采用客观判断标准，当上述内容直接或者间接归属于特定信息主体时，即为敏感信息，并不考虑信息主体的主观接受程度。简而言之，《数据保护

---

〔1〕　Directive 95 /46 /EC, of the European Parliament and of the Council of 24 October 1995 on the Protection of Individuals with Regard to the Processing of Personal Data and on the Free Movement of Such Data, 1995.

指令》对敏感数据的定义采用抽象的"识别性"方式,只要被认定为敏感数据,就适用严格的监管机制,以"或有或无"的二元化情形予以适用。"这种判断标准过于僵硬和局限化,难以反映消费者个人信息的不同特点,进而就不能为消费者提供更好的保护。"[1] 由于《数据保护指令》产生于互联网并不发达的时期,制定者并未预料到互联网会对个人信息的利用如此空前,某些个人信息在当时并未显得特别重要,但现在需要列为特殊类型予以特别保护,因此,《数据保护指令》采用的客观标准便显得捉襟见肘。[2] 个人信息的重新定义以及对敏感信息内容的扩充成为欧盟立法改革的重点。

欧盟对消费者个人信息的保护采取双重标准,即在一般保护标准的基础上又增加了特殊保护标准进而强化对消费者个人信息的保护。一般保护标准是指经营者处理消费者信息时应该以处理一般个人信息的标准为前提,即在收集、储存以及处理消费者个人信息时,必须遵守《数据保护指令》的基本信息保

---

〔1〕 鞠晔、王平:《云计算背景下欧盟消费者个人敏感数据的法律保护》,载《法学杂志》2014 年第 8 期,第 80 页。

〔2〕 Mayer-Schbnberger V., Padovao Y., "Regime Change? Enabling Big Data through Europe's New Data Protection Regulation", *COLUM. SCI&TECH. L. Rev.*, 18 (2016), 318.

护规则，如果成员国的标准更为严格，则依照特殊保护标准执行。[1] 特殊保护标准层面，《数据保护指令》第 6 条第 1 款（b）项将消费者个人敏感信息界定为"特殊类型信息"并给予了更为严格的保护标准，即经营者收集、存储和处理消费者个人敏感信息时，必须取得消费者的明示同意，且不得超出消费者同意的内容，对超出同意部分的信息处理需要取得消费者的进一步授权，否则要承担相应的责任。另外，《数据保护指令》扩大了信息控制者的范围，即使经营者将信息服务委托给第三者，如云服务提供商在侵害消费者个人敏感信息时，经营者作为间接信息控制者也不能免责。总体可以看出，欧盟考虑到消费者这一群体的易受侵害性，加重了经营者的责任，在《数据保护指令》中最大限度保护消费者个人信息的安全。这些规则虽然在当时起到了一定的保护作用，但是随着大数据分析的广泛运用，消费者和经营者已经处于严重不对等的地位，信息主体很难实际控制自身的信息，信息控制的真实性受到质疑，《数据保护指令》对消费者敏感信息的保护已经凸显吃力。因此，个人敏感信息保护的立法改革是"互联网+"时代发展的必然要求。

---

〔1〕 Directive 95／46／EC, art. 7 规定了处理个人信息的一般标准：（1）信息主体已经明确表示同意；（2）处理为履行信息主体作为一方的合同，或应信息主体要求执行订立合同的先行措施所必需；（3）信息控制者履行其法定义务所必需的处理；（4）为信息主体的重大利益而处理其个人信息；（5）为了公共利益而为的处理；（6）为第三人的正当利益，但信息主体的基本人权和自由优于第三人正当利益的除外。

（二）个人敏感信息内涵及其判断标准之美国经验

美国也将个人信息划分为一般信息和敏感信息，但因不同州不同行业而有所区别。《美国—欧盟的隐私安全港原则》在其"选择权"条款规定，个人敏感信息包括以下几个方面：医疗与健康，人种与种族，政治观点、宗教或哲学信仰，贸易组织的成员资格，与某个人的性生活有关的个人信息。[1] 美国法律对个人信息保护的基本立场是反对滥用，其注重对个人经济关系的保护，将"贸易组织的成员资格"列为敏感信息就可以反映出其立法理念。并且，美国法律允许当事人之间自由约定何为敏感信息，法律对约定的敏感信息进行特殊保护。对敏感信息的处理，美国与欧盟同样规定了例外条款，即一定情况下，信息处理者处理有关敏感信息时需要提供明示的选择权，如"为了诉讼或医疗、为了信息主体或者他人的重要利益"[2] 等。尽管美国对敏感信息的定义并不像欧盟《数据保护指令》一般，仅就列举的事项界定为敏感信息，其安全港模式对个人信息的保护较为灵活，当事人之间还可以自由约定何为敏感信息，因而对敏感信息的定义赋予了更多的弹性空间，但是当事人之间约定的敏感信息的处理不得违反订立合同时使用的目的。美国对敏感信息的定义采用"客观或目的导向"的判定标准。目的

---

〔1〕 齐爱民：《拯救信息社会中的人格：个人信息保护法总论》，北京大学出版社 2009 年版，第 103 页。

〔2〕 齐爱民：《拯救信息社会中的人格：个人信息保护法总论》，北京大学出版社 2009 年版，第 103 页。

导向标准是指行业内约定的敏感信息的收集需具备特定的目的，后续利用及传播都不得违反该目的。然而，时至今日，个人信息利用的目的一般很难在信息收集之际就能预见，传统的目的导向标准已显得不合时宜。"客观或目的导向"的判定标准同欧盟类似，仍旧没有跳脱"一刀切"的方式解决适用或者不适用的困境，属于机械化定义敏感信息。因此，法律应该重新审视敏感信息内涵的界定径路，随着大数据发展的新方向作出应有的改变，以避免法律的滞后性和僵化性。

美国关于消费者信息保护的主要规定存在于零散的州法规以及行业自制的软法之中。1984年美国《电缆通信政策法》要求电缆通信公司向用户通告个人信息的收集和使用情况，且不得披露用户的查阅习惯。[1] 1991年《电话消费者保护法》限制电话营销商非法使用个人信息推广业务，若营销商违约，消费者可主张赔偿。[2] 之后随着数字时代的到来，美国强化了对消费者敏感信息的保护，具体而言包括：收集和处理一般信息时，要求经营者预先通告以及提供个人信息的收集与公开的"选择性退出"选项；涉及敏感信息的收集和处理时，需向消费者提供"选择性进入"选项，还包括视频观看选择、判定地理位置信息以及电信使用信息。"信息泄密通知"要求由美国首

---

〔1〕　孔令杰：《个人资料隐私的法律保护》，武汉大学出版社2009年版，第109页。

〔2〕　孔令杰：《个人资料隐私的法律保护》，武汉大学出版社2009年版，第109页。

创，美国绝大多数地区都要求对涉及居民信息的泄密予以通知。美国对电子营销作了集中规定，包括电子邮件、文本消息营销以及电话和传真营销。法律要求所有商业电子邮件需贴标签并提供"选择性退出"选项，信息、电信和传真营销都受联邦法律的管理。[1] 另外，《美国—欧盟的隐私安全港原则与常涉问题》中关于敏感信息的境外传输规定，影响着美国各行业对个人敏感信息跨国传输的制定，如"旅游信息"的跨国传输必须是必要的或经过消费者明确同意的等。[2] 美国的信息隐私法对消费者个人信息的保护零散地存在于各行业自律规范中，灵活性有余，相关规定良莠不齐，多种多样的隐私法规相互重叠，组成了一个冗杂的个人信息保护体系，显得累赘且适用容易产生抵牾，制定一部专门针对消费者个人信息保护的纲领性法律刻不容缓。

三、"互联网+"场域下欧美关于消费者个人敏感信息保护的立法改革

"互联网+"场域下，面对大数据分析技术对消费者个人信息的威胁，欧美开始审视既有的法律制度，改革个人信息保护立法，并将此提升至信息主权的新高度。

---

〔1〕 王敏、江作苏：《大数据时代中美保护个人隐私的对比研究》，载《新闻界》2016 年第 15 期，第 60 页。

〔2〕 齐爱民：《拯救信息社会中的人格：个人信息保护法总论》，北京大学出版社 2009 年版，第 105 页。

（一）欧盟立法改革

为顺应数据时代的发展需求，2012 年 1 月，欧盟公布《一般数据保护条例》草案，取代 1995 年的《数据保护指令》，该草案于 2016 年 4 月最终通过并予以颁布，于 2018 年 5 月开始生效。[1] 最新公布的《一般数据保护条例》[2] 对消费者个人信息的外延和内涵进行了延伸，并考虑到"互联网+"背景下消费者这一特殊群体的易受侵害性，对其隐私安全问题作出了针对性的规定，主要体现在以下内容：

1. 消费者个人敏感信息定义的守成与创新

《一般数据保护条例》在个人信息内涵层面仍然延续《数据保护指令》的传统，以抽象的"识别性"对个人信息定义，但对匿名和化名信息有新增规定；对个人敏感信息的类型进行了扩展，包括基因数据、安全数据等。此外，《一般数据保护条例》第 8 条增加了对儿童的特别保护，规定网络收集 13 岁以下儿童的个人信息时，必须取得其父母或监护人的同意。该条例第 4 条规定"个人数据"是指与识别或可识别的自然人有关的任何信息，可以看出，欧盟旨在使立法顺应大数据时代的发展

---

[1]　Curtis T. , "Privacy Harmonization and the Developing World: The Impact of the EU's General Data Protection Regulation on Developing Economies", *Wash. J. L.* , 12 (2016), 96.

[2]　REGULATION (EU) 2016/679 OF EUROPEAN PARLIAMENT AND OF THE COUNCIL of 27 April 2016 on the protection of natural persons with regard to the processing of personal data and on the free movement od such data, and repealing Directive 95/46/EC (General Data Protection Regulations).

潮流，所定义的个人信息的内容以及灵活性都有了可观的改善，这一点值得肯定。不足之处在于，《一般数据保护条例》仍然以抽象的"识别性"定义个人信息，未能跳脱客观定义个人信息的机械性困境。

2. 消费者信息控制力度的强化

"互联网+"背景下，欧盟针对数字技术的发展，强化消费者对自身信息的掌控权，在《一般数据保护条例》中为消费者新增了一些新型的权利，具体包括消费者的反对权、被遗忘权和信息携带权。第 21 条规定，反对权是指当经营者为了商业利益处理消费者个人信息时，消费者有权反对这一信息处理。第 17 条规定，被遗忘权是指消费者有权要求信息处理者删除与其个人相关的信息。第 20 条规定，信息携带权是指消费者有权决定自身的信息从一个服务器中迁移到另一服务器中，并且这一迁移不受合同或者技术标准的约束。这些新型的权利无疑使消费者在自身信息的控制上赢得了更多的主动权。《一般数据保护条例》增加了经营者的义务，以更好地保护消费者的信息自主权：在消费者选择机制的默认设置信息方面，经营者必须取得消费者主动、明确的同意；评估信息处理的风险时，必须由经营者设置的专业信息保护专员进行；当经营者发生信息泄露或者其他违反信息保护义务的行为时，应当向信息监管机构及时通报。综合而言，为经营者设定更多的义务是为了强化对消费者的保护，这反映了欧盟保障人权的基本立场。

3. 加重经营者责任

违约成本的增加是激励经营者采取预防措施最有效的手段。欧盟在《一般数据保护条例》中加重了经营者的违约责任。《一般数据保护条例》第 79 条规定，未经消费者同意或者于法无据，经营者擅自处理消费者个人敏感信息，或者将其个人敏感信息传输至不符合欧盟传输数据标准的国家，经营者将承担2000 万欧元或者相当于公司全球营业额 4%的行政罚款。这一规定对经营者而言无疑是很严重的处罚，将在很大程度上遏制经营者的违约倾向，加强消费者的信息控制权；但过于沉重的惩罚力度是否会起到寒蝉效应，以至于羁绊信息价值的开发，也是欧盟应当考虑的问题。

4. 消费者个人敏感信息跨国传输标准的软化

信息的价值在于利用，信息的无国界性正在成为一种趋势。在保障个人信息安全的前提下对其充分利用和流通是数字经济发展的源泉；过于严格地限制个人信息的流通标准，会成为信息价值开发、信息经济长足发展的羁绊。欧盟在信息跨境传输方面向来严格，早在《数据保护指令》第 25 条就规定，向境外传输信息时，该第三国的个人信息保护应当具备与欧盟关于个人信息保护相一致或者更为严格的标准。《一般数据保护条例》第 40—43 条就《数据保护指令》中关于信息跨境传输的严格标准作出了一定的改进，特别增加了隐私印章、第三方认证机制的法律效力，从法律上对企业自律和行业监督予以承认，增加了消费者个人信息跨境传输的张力和灵活性。

（二）美国立法改革

2012 年美国政府签署白宫发布的工作报告《网络环境下消费者数据的隐私保护——在全球数字经济背景下保护隐私和促进创新的政策框架》，该报告正式提出制定《消费者隐私权利法案》。2015 年 2 月，美国政府正式公布《消费者隐私权利法案（草案）》（以下简称《草案》）的讨论稿。《草案》吸收了世所公认的大量关于隐私权保护的规则，旨在为消费者隐私提供纲领性保护，提升消费者的信心，促进信息的充分流通与开发。与传统保护消费者个人敏感信息的法规相比，《草案》最大的亮点是引入具体场景的风险管理理念，并以此为基线贯穿整个法案的始终，具体体现在如下四个方面：

1. 消费者个人敏感信息定义判定标准的转变

《草案》第 4 条（a）款一改过去以抽象的"识别性"对消费者个人敏感信息进行界定的规定，转而以动态的"关联性"方式定义，即消费者个人敏感信息是指被经营者所控制的信息，且通过该信息结合具体情景可以关联到特定的消费者或者特定消费者常用的设备。"场景理论"由西米提斯教授在衡量敏感信息合理使用边界时提出：信息敏感性不是与生俱来的，任何信息基于具体的场景都有可能具有敏感性。[1] "关联性"定义消费者个人敏感信息是指，将具体信息置身于其所处的环境中具体审视，避免脱离场景做抽象式的预判。鉴于场景构成要素的

---

[1] Wong R., "Data Protection Online: Alternative Approaches to Sensitive Data?", *Journal of International Commercial Law and Technology*, 2 (2007), 12.

多元性，对消费者个人敏感信息利用的合理性应综合多种因素进行"程度性"判断。该方式在具体场景中综合考量多元因素，正确定义消费者个人敏感信息。[1] 此外，《草案》第4条（n）款对儿童和青年个人敏感信息的定义采用更为严格的标准，以保护弱势群体的利益。

2. 消费者对个人敏感信息控制力度的强化

《草案》关于消费者对其敏感信息控制力度强化的措施主要体现在以下三个方面：（1）第101条规定，场景一致的消费者动态同意权。消费者有权要求经营者收集、使用、处理其个人敏感信息的方式与其提供信息时的场景相一致；经营者对消费者个人敏感信息的收集和使用，必须取得消费者的同意；经营者应当采取合理措施确保其保存消费者个人敏感信息的准确性；当第三方经营者收集、储存或者处理消费者个人敏感信息时，基于隐私评估理论动态评估信息的风险，只要信息的用途会对消费者的权益产生重大影响，就必须取得消费者的同意。（2）第101条规定，加大经营者的说明、通知义务。首先，经营者处理消费者个人敏感信息时，应该向消费者具体阐明以下信息：收集信息的类型，收集信息的原因，收集信息的使用方式，删除消费者个人敏感信息的条件，是否与第三方经营者共享信息以及共享的目的，等等；其次，当经营者处理消费者个人敏感信息违背原始目的时，经营者必须及时通知消费者；最

---

〔1〕 范为：《大数据时代个人信息保护的路径重构》，载《环球法律评论》2016年第5期，第97页。

后，如果是不与消费者接触的第三方经营者，应尽可能详细地告知消费者其信息被处理的具体情景。（3）第 102 条规定，消费者对其个人敏感信息的更正权。当消费者个人敏感信息有误时，在与信息敏感性以及与该信息错误可能对消费者产生不利影响的风险性相适应的情况下，消费者有权要求经营者予以更正。此外，消费者在授权同意后 45 天内有撤销权，且撤销方式的便捷性应与授权同意的方式一致。可见，《草案》以具体场景为基点，以风险评估理论为手段动态管理信息使用进程，加重经营者的义务、扩展消费者的权利，双管齐下强化消费者对自身信息的控制。

3. 经营者责任的加重

网络消费者隐私和数据安全的保护方法之一是将重点放在信息被滥用的损害赔偿上，并在私力救济上加重滥用消费者信息的经营者损害赔偿责任或者在公共执法上增加行政处罚力度。[1]《草案》加强了经营者的责任，对经营者采用问责制，具体而言是从企业员工行为控制、内部信息使用监督、向第三方公开信息三个方面规定了经营者的责任。[2] 这种体制下，经营者不仅内部需要控制机制和问责机制，外部更要对消费者和执法机构承担责任。损害救济是信息法权利保护的权利救济措

---

〔1〕 Corones S. , Davis J. , "Protecting Consumer Privacy and Data Security: Regulatory Challenges and Potential Future Directions", *Federal Law Review*, 45（2017）, 72.

〔2〕 李明：《 "大数据时代" 的美国隐私权保护制度》，载 http: //www. 36dsj. com/ archives/18240，访问时间：2017 年 9 月 1 日。

施，也是信息主体权利救济的最终途径。当经营者违反有关信息安全规定时，《草案》第203条仍基于动态的风险评估判定方式，考虑经营者的责任程度、违法行为的动机、支付能力、继续经营影响以及公平等因素裁定经营者的责任。有保险保障的经营者承当的罚款最高限额不超过35 000美元，且应按照上一年度公布的"消费者物价指数"中所列的消费者物价指数的百分比予以计算。可以看出，相较于欧盟《一般数据保护条例》的惩罚力度，美国《草案》结合具体的情景，对违法经营者予以惩治，且有保险公司分担其违约风险，这就降低了引起经营者恐慌的风险，从而保证数字技术的平稳发展。

4. 倡导消费者个人信息跨境传输充分流通

随着经济全球化的发展，个人信息的互联互通成为一种必然。由于地域、文化、立法理念的不同，各国消费者对信息处理的接受度不一，因此，各国对个人信息保护法律规制都存在显著差异，这给经营者在合规方面造成了严重负担。《草案》第301条为促进消费者信息的充分流通和传输，积极推动第三方认证机制，尝试运用具体场景的风险管理理论构建国际信息跨境传输的框架。场景构成要素即风险评估具体指标的可拆分性与可调节性，决定了其富有灵活性及包容性，这是对国际普适性价值的尊重，同时考虑地域差异性，使世界不同地区的个人信息处理行为能够被纳入统一的风险评估体系之中，由此使得国际通用的个人信息保护框架的构建成为可能。[1] 值得一提的是，无论是欧盟的《一般数据保护条例》还是美国的《草案》，都在法律上承认了第三方认证机制的效力，可以预见该机制会成为消费者个人敏感信息跨境传输的一个发展方向。

四、启示

近年来，随着消费者信息泄露导致的电信诈骗、广告推销等负面事件的频发，我国对消费者个人敏感信息保护越来越重视。《全国人民代表大会常务委员会关于加强网络信息保护的决定》《消费者权益保护法》《民法总则》《中华人民共和国网络安全法》相继出台或修订，构成了我国消费者个人信息保护的法律体系。其中，《网络安全法》第 76 条将个人信息定义为，以电子或者其他方式记录的能够单独或者与其他信息结合识别自然人个人身份的各种信息，包括但不限于自然人的姓名、出生日期、身份证件号码、个人生物识别信息、住址、电话号码等。可以看出，我国目前对消费者个人敏感信息的保护已经初建体系，但仍缺乏一部统一的纲领性保护法规，制定《个人信息保护法》的呼声不断。纵观欧美关于消费者个人敏感信息保护的立法改革，双方超前的立法理念和立法机制引领世界立法新动向，代表了发达国家消费者个人敏感信息保护的一种趋势，实值我国立法借鉴。

---

〔1〕 范为：《大数据时代个人信息保护的路径重构》，载《环球法律评论》2016 年第 5 期，第 112 页。

（一）消费者个人信息的内涵：动态的"关联性"定义

如前所述，欧盟《一般数据保护条例》在个人信息内涵层面虽然有所扩展和延伸，个人信息的内容以及灵活性都有了可观的改善，但仍以抽象的"识别性"定义个人信息，未能跳脱机械性客观判定标准的困境。而美国《草案》意识到传统定义消费者信息的局限性，以动态的"关联性"定义消费者个人敏感信息的内涵，这一改革殊值首肯。我国在定义消费者个人敏感信息时，应以具体场景的风险管理理念为立法径路，结合动态"关联性"，即通过信息结合具体情景可以关联到特定的人或者特定人常用的设备，在具体场景中综合考量多元因素，灵活地定义消费者个人敏感信息。此外，欧盟《一般数据保护条例》和美国《草案》都对儿童个人敏感信息的定义规定了更为严格的标准，其信息处理必须取得其父母或者监护人的明示同意，这一点也是在我国立法时应当注意的。敏感信息涉及个人健康、性取向等极私密的内容，与个人隐私息息相关，确有特别保护的需要；任何法律概念都是相对的，不能因为敏感信息难以界定就规避对敏感信息保护的规范，我国可以立足于基本国情，引入具体场景的隐私风险管理理念对敏感信息定义；规定敏感信息已经是世界立法之趋势，张新宝教授主张区分敏感信息与一般个人信息，对于前者侧重保护，对于后者鼓励充分利用。[1] 因此，敏感信息的规定是我国个人信息保护法应有的法

---

〔1〕　张新宝：《从隐私到个人信息：利益再衡量的理论与制度安排》，载《中国法学》2015 年第 3 期，第 51 页。

律表达。

（二）消费者对自身信息的控制：动态管理风险

个人对自己的信息所具有的权利不是绝对、无限制的。个人是社会中独立发展的个体，信息流转是其发展的基础。大数据时代背景下，消费者个人敏感信息的利用是"互联网+"时代的必然选择，消费者信息处理行为规制应是防止信息滥用，并非依照个人信息控制理论过于强调个人信息控制权能，这样容易使信息利用之路闭塞，羁绊互联网的发展，且容易使隐形交易猖獗。因此，在强化消费者对自身信息控制权的同时，我国立法不能过于限制经营者使用信息的范围，否则对信息价值的开发不利，对数字经济的长足发展不利。具体而言，强化消费者的控制与权利行使的可操作性，经营者应该重点披露可能引发高风险的具体场景要素，并为消费者提供便捷性的操作手段；规定"合理使用"的场景，在经营者进行信息处理的过程中应该动态评估其行为引起的风险，如果处理消费者信息时可能产生不合理使用的情形或者引发高风险，超出消费者合理期待的程度时，应该以明确详细的方式通知消费者造成这种不利后果的因素，并及时管理风险的发展方向，积极主动采取降低风险的措施，或者获得消费者额外的书面授权进而继续进行信息处理。

（三）经营者责任："隐私风险"差异化责任标准

在多元义务主体的个人信息生态系统中，第三方经营者尤其是中间商的存在感逐渐凸显，消费者个人敏感信息二次利用的危险也相对增加。我国现行立法尚未对经营者责任主体的范围作出明确界定，涉及第三方经营者时，法律适用以及其承担的责任阈值比较模糊。为降低消费者个人敏感信息被滥用的风险，我国应该以具体场景的风险管理理念为径路，将各方主体统一纳入风险评估的机制中。以"谁使用谁负责"的责任机制，突出第三方经营者法律地位的独立性，防止第三方经营者推脱或逃脱责任，充分保障消费者得到救济。借鉴美国《草案》对经营者的分层问责制度，我国应以"隐私风险"程度为衡量依据，对经营者采取差异化责任标准。具体而言，根据隐私风险的程度分为高、中、低三档，根据不同级别的隐私风险程度确定经营者的义务以及违反义务需要承担的责任。这样，不论信息处理者是原始经营者还是与消费者无直接接触的第三方经营机构，无论信息处理进行到哪一环节，都可以对相关消费者信息的风险进行动态管理。

（四）信息跨境流动：建立配套管理体系

在消费者个人敏感信息的跨境流动层面，我国尚未建立配套的管理体系，这一缺口亟须《个人信息保护法》予以填补。我国应首先跟随世界立法的方向，构筑配套的信息跨境流通管理体系。基于具体场景的隐私风险管理理念，采用动态风险评估方法，根据信息传输的国家以及风险的级别确定对应的管理方式：传输信息的风险较高时，应对其予以严格限制；当风险适中时，尽量放松管制；当风险较低时，允许自由流通。这一管理机制具有灵活性及包容性，以具体场景为出发点，考虑地域差异性要素，将全球各国或地区的消费者信息纳入动态的风险管理体系中，真正构建一种无国界的消费者信息保护屏障。另外，无论是欧盟的《一般数据保护条例》还是美国的《草案》都推荐第三方认证机制，以增加信息流通的灵活性和安全性，因此这一机制也是我国立法应该着重关注的一个方向。

五、结语

"互联网+"时代，信息即生产力，信息安全及合理利用成为全球关注的焦点。在大数据与互联网产业蓬勃发展、方兴未艾的背景下，各国都处在个人信息保护的改革时期，在平衡消费者个人敏感信息的安全和信息合理利用之间，欧盟和美国在立法改革中积极作出回应，顺应数字时代的发展需求。我们应立足我国国情，充分借鉴欧美立法改革经验，取长补短，发展与我国信息技术、商业模式相匹配的消费者信息保护架构，发挥后发优势，为我国数字资产的长足发展保驾护航。

第三章
论同意在个人信息处理中的作用
——基于个人敏感信息和个人一般信息二维视角

摘要： 从规范层面而言，信息主体的同意是个人信息处理的正当性基础，其法理基础在于个人信息自决权。然而大数据时代，大规模个人信息的处理使同意的正当性地位受到质疑。基于个人敏感信息和个人一般信息二维视角的分析，同意在个人信息处理中应该类型化适用：在个人敏感信息的处理中仍适用同意规定，在个人一般信息的处理中并不存在同意适用的空间。

关键词： 同意；个人信息处理；个人敏感信息；个人一般信息

一、问题的提出

近年来，个人信息财产赋权逐渐得到重视,[1] 信息共享、利用和流通似乎是信息时代的生命力之所在，而信息处理的前提是信息从信息主体处流向信息处理者处。这种流通本应遵循良性程序，然而在利益驱逐之下，信息泄漏问题十分严峻。以美国为例，自 2005 年以来，仅在美国就有 9 亿条记录被不正当地曝光或访问导致 504 万个信息泄露；2015 年，1310 万名美国被盗用身份受害者的消费者损失达到 150 亿美元，其中大部分可追溯到信息泄露。[2] 美国消费者面临着未经授权的企业访问，误用或盗用信息侵犯消费者个人隐私的风险。[3] 对此，各国针对这一动态流动过程，往往规定了信息主体的同意权，即信息处理以同意为其正当性基础，而同意的正当性基础又源于信息自决权。然而，信息自决权也受到了质疑，"个人信息自决权"理论忽略了某些大数据的因素，其将源信息权利人时刻都放在信息绝对权利主体的地位是不恰当的。[4] 有学者认为知情同意机制已然失灵，知情同意的基础地位不保，一方面信息主

---

〔1〕 Andrews L. B., "iSpy: Threats to Individual and Institutional Privacy in the Digital World", *AALL Spectrum*, 21 (2017), 23.

〔2〕 Robert L. Rabin, "Perspectives on Privacy, Data Security and Tort Law", *DePaul L. Rev.*, 66 (2017), 313.

〔3〕 Sarah Ludington, "Reining in the Data Traders: A Tort for the Misuse of Personal Information", *MD. L. Rev.*, 66 (2006), 143.

〔4〕 孙政伟：《大数据时代个人信息的法律保护模式选择》，载《图书馆学研究》2016 年第 9 期，第 74 页。

体权利被架空，另一方面加重企业成本，从而阻碍信息高效使用。[1] 由此可见，规范层面同意举足轻重，理论层面同意却成为阻碍信息经济发展的制掣，知情同意这样一颗法学上璀璨的明珠何以处于如此尴尬境地？未来我国信息立法时是继续坚持完全同意的基础地位，还是采纳学者建议完全否定同意的地位，抑或是开辟第三条路径？

二、为什么需要同意——个人信息处理同意的规范表达及其法理基础

个人信息处理中为什么需要同意，这是我们首先需要直面的问题。对于这个问题的解答，有赖于从规范层面出发，以探究同意背后的法理基础。

（一）个人信息处理同意的规范表达

从法规范层面而言，个人信息的处理需要经过信息主体的同意。无论是国际法规范和多数国家的个人信息保护法，还是以网络服务商为代表的用户协议等，均将同意作为个人信息处理的正当性基础。[2] 作为个人信息保护的先驱，经济合作与发展组织在 1980 年《OECD 个人信息保护指针》中设立了八项原

---

〔1〕　范为：《大数据时代个人信息保护的路径重构》，载《环球法律评论》2016 年第 5 期，第 94 页。

〔2〕　任龙龙：《论同意不是个人信息处理的正当性基础》，载《政治与法律》2016 年第 1 期，第 126 页。

则，其中限制收集原则和限制利用原则均对同意规范作出了规定。[1] 欧盟将人权保护作为个人信息保护的宗旨，1995 年颁布的《数据保护指令》[2] 中规定数据品质原则，这一原则包括的正当处理原则、目的明确原则和目的限制原则等规定了信息主体同意的内容，[3] 且第七条明确对同意条款的内容作了详细规定。[4]

与欧盟立法理念不同的是，美国法倡导行业自律，注重对个人信息的利用，没有统一的个人信息保护立法。对个人信息保护采用列举式的 PII（personal identified information，简称 PII），仅将被经常滥用的信息或者具有高度敏感性的信息纳入个人信息的保护范围内并进行单独立法。后随着个人信息的大规模利用，各种非个人信息可以动态变换成个人信息，需要信息主体同意的情况也愈加频繁，个人信息相关立法也开始审视既有法律的效力，改革其不足之处。起初，美国对于同意条款

---

〔1〕 Craig Mundie, "Prinacy Pragmatism-Focus on Data Use, Not Data Collection", *Foreign Affairs*, 93（2014），30.

〔2〕 Directive 95/46/EC, of the European Parliament and of the Council of 24 October 1995 on the Protection of Individuals with Regard to the Processing of Personal Data and on the Free Movement of Such Data, 1995.

〔3〕 齐爱民：《大数据时代个人信息保护法国际比较研究》，法律出版社 2015 年版，第 201 页。

〔4〕 Directive 95/46/EC, art.7 规定了处理个人信息的一般标准：（1）信息主体已经明确表示同意；（2）处理为履行信息主体作为一方的合同，或应信息主体要求执行订立合同的先行措施所必需；（3）信息控制者履行其法定义务所必需的处理；（4）为信息主体的重大利益而处理其个人信息；（5）为了公共利益而为的处理；（6）为第三人的正当利益，但信息主体的基本人权和自由优于第三人正当利益的除外。

仅规定在《隐私法》中。随着大数据分析的应用，个人信息被
侵犯的情形越来越多，个人信息控制权理论呼声高涨。为平衡
隐私保护与数据利用相关利益关系，联邦政府针对特殊主体或
特殊信息出台了特别立法，例如《儿童在线隐私权保护法案》
《影视隐私保护法》等。同意基础作为一种趋势，在美国也得到
了认可。2009 年美洲《普遍接受的隐私原则》第 3 条规定了同
意原则，加拿大《个人信息保护行为准则》第 4.3 条也规定了
同意原则。[1]

　　我国 2017 年颁布的《民法总则》第 111 条规定，个人信息
的获取应当依法取得，如何理解此处的"依法取得"，该法并未
给出明确的规范指引。不过从其他规范性法律文本中，我们似
乎可以觅得"依法取得"之踪迹：

　　（1）2012 年《全国人民代表大会常务委员会关于加强网络
信息保护的决定》第 2 条第 1 款规定，个人信息的收集使用需
经被收集者同意。

　　（2）2014 年《最高人民法院关于审理利用信息网络侵害人
身权益民事纠纷案件适用法律若干问题的规定》第 12 条第 1 款
第 1 项规定的免责事由包括"经自然人书面同意"，反对解释即
为，未经自然人书面同意利用自然人个人信息的情形构成侵权
责任。

　　（3）2017 年实施的《网络安全法》第 22 条第 3 款第 1 句

---

〔1〕　高富平：《个人数据保护和利用国际规则：源流与趋势》，法律出版社
2016 年版，第 24、28、225、301、335 页。

规定，网络产品或服务需要收集用户信息的，应当明示并取得用户同意。这些法律文本均有一个共同的关键词，那就是"同意"。同意是个人电子信息被收集者的同意，是自然人的同意，是网络用户的同意，根据《信息安全技术公共及商用服务信息系统个人信息保护指南》（以下简称《指南》）第3.3条、第3.9条，本书将个人信息的主体简称为信息主体，这些法律文本中同意的主体称谓虽有不同，但均指向信息主体；处理行为包括收集和使用行为等，本书以个人信息的处理为行文中心；第4.2条明定个人同意原则是个人信息处理的基本原则之一。

（二）个人信息处理同意的法理基础

一种潮流和普遍做法背后有其价值基础支撑，那么，个人信息处理为什么需要信息主体同意？从法理基础而言，一般认为，信息主体的同意源于信息主体对个人信息的自决权和信息不对称理论，前者是指个人自主决定自我信息是否被他人处理，[1]后者逻辑是信息处理前需取得信息主体的同意，需要向信息主体通知，使得信息主体知悉自身信息的处理状态，以避免信息不对称产生的危害。个人信息自决权的权利主体为个人，或称为信息主体，权利客体为信息主体自己的个人信息，权能为控制，信息主体对其个人信息的控制，该权能的体现是该权利的内容，即决定个人信息是否被他人收集、利用。最先使用个人"信息自决权"这一表述的是德国学者施泰姆勒，人们有

---

[1] 王玉林：《大数据中个人信息开发利用法律问题研究》，载《情报理论与实践》2016年第9期，第21页。

权自由决定他人在何种程度上获知自己的思想和行动。[1] 个人信息处理时，特别是在个人信息收集时，涉及信息主体是否愿意被收集关涉自己的信息。同意规则的理念是维护信息主体的自我决定权，其可以自由决定信息是否被处理，这是《民法总则》第5条自愿原则的具体体现，权利主体可以按照自己的意思设立、变更、终止民事法律关系。体现了法律规范对意思自治原则的坚守，权利人可以自由决定是否进入民事关系之中，自由决定与谁建立民事关系，自由决定自我信息是否可为他人知悉、处理。而信息不对称理论的实质是由于信息主体对自身信息控制力度的缺失，故通过同意机理增加信息主体在信息处理中的参控力度，平衡信息主体的弱势地位，防止信息处理者侵害其知情权，进而更充分维护信息主体的人格尊严和人格自由。

信息自决权理论的上层思想是人格自由理念，人类社会发展进程一直是为了人更好地生活于世，法律的目的也是服务于人，信息立法理所应当地保护人格尊严和人格自由。信息自决权也反映了人格自由，信息承载着权利主体的人格利益，而信息被处理涉及信息主体人格利益的受限，这种受限应具有正当性，或因为公共利益之需求，或因为信息主体主动自愿接受这种不自由，而这也正是人格自由之体现，自主决定人格事项，

---

〔1〕 杨芳：《个人信息自决权理论及其检讨——兼论个人信息保护法之保护客体》，载《比较法研究》2015年第6期，第23页。

自己承担自主决定所带来的法律效果和社会效果。信息主体的自决权体现为两种形态，一种是不同意、不授权处理，此时他人不得处理信息；另一种是同意授权，此时信息主体应承担信息授权处理可能带来的信息公开等后果。

三、为什么不需要同意——同意基础的质疑与反质疑

尽管规范层面个人信息的处理需要同意，其规范正当性也可以通过信息自决权理论得以证成，但是社会发展至今，同意的正当性基础地位是否还需要继续坚持，有些学者提出了质疑之声。

（一）同意基础的质疑之音

随着信息技术发展飞速，社会对于信息的需求急剧增加，信息利用成为人们追逐的利益所在。很多学者注意到信息市场的利用需求逐渐加大，信息主体的同意权很可能被架空。"知情同意"机制逐渐失灵意味着信息主体对个人信息并无实际的控制权，故相关权利的行使也举步维艰。[1] 与此同时，2015 年美国《消费者隐私权利保护法案（草案）》与传统的"知情同意"构架脱钩，将同意条款作为补充性机制予以规定，第 103 条（b）款规定，在具体场景中机构处理信息的合理行为，无需信息主体授权或者同意；当机构处理信息的行为不合理，威胁到信息主体的隐私时，机构需要对该风险进行评估，并采取相

---

〔1〕 Susan Landa, "Control Use of Data to Protect Privacy", *Science Journal*, 1 (2015), 504.

应的救济手段。有观点认为，我国应充分抓住机遇，立足国情，摒弃传统以"知情同意"为核心的构架。[1] 任龙龙在《论同意不是个人信息处理的正当性基础》一文中对此做出了详细的论述。[2] 他认为，同意不应是个人信息处理的正当性基础，个人信息处理理念应从严格保护转向防止滥用，对处理行为的规制宜采用责任规则，也就是一种事后判断规则。具体理由有四：①同意的理论根基不牢。其一，同意无法解决信息不对称问题，也无法有效保障信息主体的知情权，更不利于信息经济的发展；其二，个人信息权所强调的决定自由，信息主体无法真实享有，控制能力也极为有限，信息主体除了同意往往别无选择。②同意本身缺乏必要性和真实性。③同意基础不符合经济考量。④例外规定的大量存在削弱了同意基础的效力。崔聪聪则从经济制度考量，认为只要数据从业者与信息主体通过合作博弈达成了协议，或者他们欲满足的利益明显大于消费者的自由需求时，即得以径自利用信息而无须征得信息主体的同意。[3]

（二）同意基础的决疑之力

针对同意基础的质疑，有些观察和观点值得赞成，但也有值得商榷之处。信息社会发展至今，面对信息主体权利保护和

---

〔1〕 姬蕾蕾：《个人信息保护立法路径比较研究》，载《图书馆建设》2017年第9期，第25页。

〔2〕 任龙龙：《论同意不是个人信息处理的正当性基础》，载《政治与法律》2016年第1期，第126—132页。

〔3〕 崔聪聪等：《个人信息保护法研究》，北京邮电大学出版社2015年版，第122页。

信息利用利益保护之间的冲突，法律不能无动于衷，但也无需完全否认同意的基础地位。针对上述这些理由，笔者逐一分析如下：

第一，同意的理论根基问题。①关于信息不对称理论和信息自决权理论。信息不对称理论相较于信息自决权而言，其理论根据地位相对较弱。特别是在涉及个人敏感信息处理时，信息自决权理论关注的是信息主体是否可以自由决定其敏感信息被处理。②关于知情权，类比物权和患者知情同意权，信息自决权的重点不在于知情权而在于同意权，知情权是同意权的前提和基础，同意权才是核心和目的，同意权强调信息主体决定自身信息被处理。③关于个人信息的社会性。有观点认为，信息主体属于该类信息的初始供体，对该信息具有一定的财产利益，信息主体自身具有一定的自决权，但信息主体在享受大数据应用带来的便捷性同时对这种利用行为应具有一定的容忍义务。[1] 法律应当容忍部分人不参与广泛的交往之中，社会也应当容忍部分人追求慎独的精神境界。他人对信息主体的个人信息也许是需求的，但如果不是为了社会公共利益，我们很难想象某一私主体的权利不经同意而让渡于另一私主体。④关于不披露意味着欺诈的问题，这种结论似乎有点武断，在涉及公共利益时，信息处理无需获得信息主体同意；而不涉及公共利益时，信息不披露何以构成欺诈？⑤关于他人对信息享有利益的

---

〔1〕 陶盈：《我国网络信息化进程中新型个人信息的合理利用与法律规制》，载《山东大学学报（哲学社会科学版）》2016年第2期，第157页。

问题，这种观点强调信息处理者的利益，在信息处理者和信息主体利益衡量之间，偏向于信息处理者利益保护的价值似乎有其正当性，但是如果信息主体并非自愿让渡自己的权利，这与强制交易有何区别？强制交易之下，强制一方对交易标的也存在利益需求，如果为了这一方利益而限制非强制方自由意愿，公平否？⑥关于信息价值的问题，个人信息的价值在于流动性和有用性本无可厚非，但如何流动、向谁流通以及是否公开均应在规范上成为信息主体的权利，否则信息一旦公开，则信息主体对个人信息毫无权利可言，通过责任规则获得的救济也是微乎其微。⑦关于决定自由的问题，信息主体与网络服务商之间的网络服务关系就是合同关系，如果信息主体不同意网络服务协议，则不能接受该网络服务商提供的服务，只不过该服务协议性质上属于格式合同而已，但这并不能否定合同一方当事人即信息主体的意志自由。

第二，同意本身的必要性和真实性问题。从损害角度而言，损害可能性是所有财产规则共同面临的问题，责任规则更多地侧重于已发生的损害，所以责任规则预防损害可能力有不逮。关于同意的真实性问题，现实生活中大量存在应用格式合同、点击合同来获取用户"同意"授权的方式，而用户可能根本没有注意到相关个人信息条款。在涉及个人信息处理行为时，这类型的合同效力如何？笔者认为，对于该问题可以适用《合同法》第39—41条规定的格式条款规则。格式条款的出现是为了便利社会生活，信息社会发展迅速，我们无法要求网络服务提供者与所有网络用户签订个性化服务合同，而只能通过格式合同、点击合同的形式进行网络服务。当然这也对法律提出了挑战，为此法律特别规定，格式条款的内容应当遵循公平原则，如果加重对方责任、排除对方权利、减轻己方义务，则该条款无效，并且法律规定了争议情形下的特殊规则。

第三，同意的经济考量问题。对个人一般信息处理时无需同意，这符合信息处理之经济需求，此时个人信息的个人利益可以适当后位于信息处理者。但涉及个人敏感信息时，此时如果用经济考虑以限制信息主体的敏感信息利益，则有悖于人格要素的权利扩张。某种程度上，我们处在隐私不保的年代，人格保护、隐私保护、个人敏感信息保护尤显重要，对个人敏感信息的保护就是对信息主体人格的保护，此时用经济利益和人格利益进行利益衡量，其结果显然应偏向于人格利益，毕竟个人信息的保护源于信息主体的信息自决权，而信息自决权又源于人的主体地位和人格尊严，这是一切法律存在的根本，正如《民法总则》第2、3条将人身关系和人身权利置于财产关系和财产权利之前，可见在利益衡量时，应将人身利益摆在优位。关于同意可能引发的骚扰问题，此处的利益衡量应采取两害相权取其轻原则。但若无需同意就可以收集信息主体的敏感信息，其导致精神上的不安宁将会远甚于垃圾信息的骚扰，毕竟后者并未公开信息主体的私密信息。我们很难想象，某一天，当我们正在上网休憩时，偶然发现自己的隐私信息被他人公开，那种错愕恐怕不是法律所希望看到的。

第四，例外规定的问题。该理由忽视了同意的韵味和公共利益的优先性：合同履行中已存在合同订立时的同意，无需再同意；公共利益限制信息主体的私人利益属于利益衡量的结果，这两种例外规定并不能从根本上否定同意在个人信息处理中的价值。

四、为什么是二维视角——同意在不同信息类型处理中的作用

个人信息处理行为涉及信息主体权利保护和信息处理者利益维持之间的衡量，二者之间的利益平衡不宜偏向于某一方，而应在二者之间谋求利益均衡。随着社会的发展，一方面，信息利用给人们带来了巨大的利益，促进了人们生活方式、工作模式的改进，这冲击了知情同意的正当性地位，知情同意的根基似乎受到动摇；另一方面，人们的隐私保护仍然是法律需要面对的挑战，完全不同意可能造成隐私泄漏的恶劣后果。所以，法律需要在信息主体隐私保护、信息处理者利益乃至于社会公共利益之间谋求适当的平衡点，而这有赖于信息不同类型的区别保护，即个人敏感信息和个人一般信息。

（一）信息类型之敏感信息和一般信息

将个人信息划分为一般信息与敏感信息是欧盟关于个人信息保护立法的一大特色。欧盟在 1995 年《个人数据保护指令》第 8 条第 1 款规定了特殊类型信息，即敏感信息，它是指透露种族、民族本源、政治观点、宗教信仰、世界观、工会关系以

及健康和性生活有关的个人信息。第 8 条第 2 款还对敏感信息处理规定了较一般信息更高的保护标准。例如"处理该类信息必须是为了公共利益或者健康、经当事人同意且其所属成员国国内法没有禁止"等。2016 年欧盟《一般数据保护条例》取代《数据保护指令》，这引起个人信息处理操作管理的明显变化，主要是加重了数据控制者的更严格的义务。[1] 该条例对个人敏感信息的类型进行了扩展，包括基因、安全信息等。

2015 年 2 月，美国政府正式公布《消费者隐私权利法案（草案）》强化了消费者对个人敏感信息的控制力度，经营者对消费者个人敏感信息的收集和使用，必须取得消费者的同意，只要信息的用途会对消费者的权益产生重大影响，就必须取得消费者的同意。Andrews 教授认为，人们应该有权决定是否要收集他们的信息，使用网站或应用程序不表明他们放弃自己的隐私权。[2] 有学者分析了美国《消费者隐私权利法案（草案）》和欧盟《一般数据保护条例》之后，对我国个人信息保护体系重构提出了自己的建议：在用户控制方面，弱化对用户同意的过度依赖，规定"合理使用"的场景，免予取得用户同意；在"不合理"使用时，应取得用户明确、主动的同意。[3] 此种思

---

〔1〕 Istvan Borocz, "Risk to the Right to the Protection of Personal Data: An Analysis through the Lenses of Hermagoras", 2 *Eur. Data Prot. L. Rev.* , 480（2016）, 467.

〔2〕 Andrews L. B. , "iSpy: Threats to Individual and Institutional Privacy in the Digital World", *AALL Spectrum*, 21（2017）, 24.

〔3〕 范为：《大数据时代个人信息保护的路径重构》，载《环球法律评论》2016 年第 5 期，第 114 页。

路希望在完全同意和完全不同意之间寻找第三条道路，那就是区分个人信息的类型进行不同的规则设计。张新宝教授主张敏感信息与一般个人信息分别保护，对于前者侧重保护，对于后者鼓励利用。[1]

《指南》第3.7条和第3.8条将个人信息区分为个人敏感信息和个人一般信息。个人敏感信息的内涵强调信息对信息主体的私密性和敏感性，强调未经同意公开的不良影响，所以《指南》将其定义为"一旦遭到泄露或修改，会对标识的个人信息主体造成不良影响的个人信息"。"敏感"包括两层含义，"私人的"和"有害的"，个人信息是否属于敏感是由立法政策所定义的，[2] 例如《指南》规定了身份证号码、基因、指纹等属于个人敏感信息。笔者认为，个人敏感信息和个人一般信息的最为主要的区别即在于，该信息是否可以直接识别个人，即该信息对于信息主体而言具有唯一性，其他任何人均不可能有该信息。例如，身份证号码，我们知道每个人的身份证号码是不同的，每个人都是独一无二的，所以如果知道一个人的身份证号码就可以定位到该人。基因、指纹信息都是如此，每个人的指纹都是独一无二的，现代手机中的指纹解锁就是这种技术的运用；每个人的基因也是唯一的，这被广泛运用于刑事侦查领域，只

---

〔1〕　张新宝：《从隐私到个人信息：利益再衡量的理论与制度安排》，载《中国法学》2015年第3期，第51页。

〔2〕　吴亮：《网络时代的个人隐私权及其行政法保障》，中国政法大学出版社2016年版，第193页。

要在犯罪现场有某个人的血液，就可以查出血液中的 DNA，据此可以锁定嫌疑人。此外，信息安全问题是各国普遍关注的问题，这已经关涉到国家网络安全问题，而信息安全中最主要的问题是个人敏感信息安全问题。理论上，信息安全包括三个特质：保密性、完整性和可用性，信息安全泄漏包括前两个特质，并发生在未经授权访问个人敏感身份信息时。[1] 可见，授权同意对于个人敏感信息的重要性。

（二）个人敏感信息仍需同意

笔者认为，个人敏感信息仍需要同意：

首先，从信息控制力角度而言，如果个人敏感信息无需同意即可处理，容易造成信息主体无法控制其隐私被何人知晓、利用，至少会被信息收集者内部成员知悉，而这可能也非信息主体所愿。

其次，从利益衡量角度而言，个人敏感信息涉及个人人格尊严和人格独立，若未经通知即可处理，则信息主体的人格将受到限制，敏感信息是否被处理的权利旁落他人，这是任何形势下经济发展所不能逾越的鸿沟，人格存在于人之处，若自然人人格交由他人掌控，则易出现人被物化之情形。个人敏感信息承载的人格利益是法律规则必须直面的实益，而信息利用也是法律制定所需面对的利益，两者共存于信息载体时，利益冲突在所难免，此时需要对数个利益做利益衡量，采取两利相权

---

〔1〕 Riedy M. K. , Hanus B. , "Yes, Your Personal Data is at Risk: Get over it", *SMU Sci. & Tech. L. Rev.* , 3（2016），15.

取其重原则，取舍的标准就是利益相关性。个人敏感信息上的人格利益与信息主体的人格相关，承载着人格自由和人格独立，而其上利用所带来的利益与信息利用者的财产相关，能够为信息利用者带来丰厚的经济价值。信息主体对敏感信息的同意源于信息自决，而信息自决源自个人的自治，这是人格自由发展所不可或缺的。[1] 从人权角度而言，前者不仅涉及人的自由发展权，更重要的是其涉及人之为人的生存利益，后者涉及的是人为美好生活的发展利益，当两者出现冲突时，作为第一位的生存利益应优先于次位的发展利益。

最后，从权利救济角度而言，无需同意的责任规则保护模式无法弥补信息主体所遭受的损害。责任规则着力于强制许可制度，与知情同意"脱钩"，对信息收集不需征得信息主体授权。[2] 责任规则适用的前提是损害既已发生，于此之时，作为受害人的信息主体可以向不当处理者、接受者主张侵权责任，也许法律会将二者责任规定为连带责任。赋予信息主体删除权也可以矫正这一利益失衡状态。[3] 但这种保护模式无法为受害人提供周全的法律防护，网络时代信息大爆炸，信息经复制后传播速度之快完全超越传统媒介的传播速度。个人敏感信息一

---

〔1〕 杨崇蔚、廖志汉、廖志聪：《澳门个人资料保护制度》，社会科学文献出版社 2015 年版，第 45 页。

〔2〕 郭明龙：《个人信息权利的侵权法保护》，中国法制出版社 2012 年版，第 100 页。

〔3〕 Jeffrey Rosen, "The Right To Be Forgotten", *Stanford Law Review Online*, (2012), 89.

且被公开，经复制传播后对信息主体所造成的损害无法真正"回复原状"，受害人遭受的精神痛苦和不安是法律永远不能修复的。为了预防这种损害发生，财产规则似乎可以为我们提供有益借鉴。财产规则，是相对人对权利人财产侵害前必须明确征得权利人的同意，相对人必须与权利人协商谈判并向其支付商定的对价，才能对该权利予以支配。[1] 个人敏感信息采取财产规则和责任规则混合规则保护模式可以更为有效地提升信息主体对其个人敏感信息的主动权。《指南》针对个人敏感信息即采用了事前明示同意规则。总之，针对个人敏感信息，法律应侧重于人格利益的保护，处理前应明确征得信息主体明示同意，同意仍是个人敏感信息处理的正当性基础。

（三）个人一般信息无需同意

实践生活中，有些个人信息不属于私人领域，这些信息和人格的关系较为疏远，或者是社会交往中必须向公众提供的。[2] 个人一般信息就属于和人格关系较为疏远的信息。对于个人一般信息而言，因其隐私性和敏感性不及敏感信息，其所承载的人格利益也不甚强烈，故为促进数据流通，应放宽对一般个人信息的管制，无需适用同意规则。从缔约成本角度看，一般个人信息的处理无需信息主体同意可以大幅度降低信息利

---

〔1〕 Guido Calabresi, A. Douglas Melamed, "Property Rules, Liability Rules, and Inalienability: One View of the Cathedral", *Harvard Law Review*, 1972, 1090.

〔2〕 杨芳：《个人信息自决权理论及其检讨——兼论个人信息保护法之保护客体》，载《比较法研究》2015 年第 6 期，第 30 页。

用合同的成本，有益于各方主体。因为在大数据环境下，企业如若对所有信息主体逐一获得授权缺乏真实性，且如果所有信息在处理时必须取得信息主体的明确同意，企业也会因利用成本过高而采用违法手段进行利用，这反而会导致信息主体面临更高的隐私风险，且企业也会承受更大的法律责任。[1] 所以，个人一般信息处理时，信息利用的经济利益可以优先考虑，法律可以侧重于保护信息财产权。所以，个人一般信息处理不需要信息主体同意。

　　总之，随着大数据时代的到来，全部同意已经不合时宜，因为个人一般信息的收集无需同意；全部不需要同意则忽略了个人敏感信息的特别保护，而且在未匿名化状态下容易侵犯信息主体的隐私。未来信息立法时应当采用的立法技术是：法律应当明确规定需要同意的事项，其他皆属于不需要同意范围，即采概括+肯定列举的立法模式。

---

　　[1]　王玉林：《"默示同意"在数据收集中的适用问题研究》，载《情报资料工作》2017年第2期，第24页。

第四章

论个人信息与隐私的关系

——兼论个人信息权利化的必要性和可能性

摘要: 个人信息的重要性不言而喻, 近年来, 各国纷纷重视个人信息的保护, 我国也不应例外。从法律规范角度而言, 我国立法已经形成了个人信息保护的基本框架; 但规范上, 个人信息的法律属性没有定论, 个人信息和隐私的关系没有理清, 个人信息是否权利化以及如何权利化还有待进一步探究。法律属性上, 个人信息应定位为人格利益, 具有人格要素; 个人信息包括个人敏感信息和个人一般信息, 个人敏感信息就是隐私; 个人信息权利化具有其必要性和可能性。

关键词: 个人信息; 人格利益; 隐私; 个人敏感信息; 个人信息权

一、问题的提出

个人信息的重要性不言而喻，近年来，各国纷纷重视个人信息的保护，欧盟于 2016 年颁布《一般数据保护条例》（General Data Protection Regulations）以取代 1995 年颁布的《数据保护指令》，其以欧洲隐私法典型的基本人权导向设立信息保护的框架，与个人信息相关的权利已经上升到人权的高度，此外欧盟还十分重视个人信息的财产价值。美国 2015 年颁布的《消费者隐私权利法案（草案）》（Administration Discussion Draft：Consumer Privacy Bill of Rights Act of 2015）对个人信息的透明度、信息主体控制权、侵害信息责任予以最新规定。大数据时代，信息技术飞速发展、信息产业不断创新，个人信息的利用机遇与挑战并存，谷歌在 2015 年产值达到 745.4 亿美元，其中 90.4% 来自于人们的广告信息，可想而知 Google 有多了解关于个人的有价值的信息。[1] 然而信息泄漏问题相当严峻，以美国为例，过去十年来，信息安全泄漏的数量大幅增加，数以百万美国消费者个人信息消费记录受到危害，2009 年至 2015 年，监测到的信息泄漏行为年增长率为 66%。[2] 2005 年以来，仅在美国就有 9 亿条记录被不正当地曝光或访问导致 504 万个数据泄

---

〔1〕　Andrews L. B. , "iSpy：Threats to Individual and Institutional Privacy in the Digital World", *AALL Spectrum*, 21（2017），23.

〔2〕　Riedy M. K. , Hanus B. , "Yes, Your Personal Data is at Risk：Get over it", *SMU Sci. & Tech. L. Rev.*, 3（2016），8.

露；2015 年，1310 万名美国被盗用身份信息受害者的损失达到 150 亿美元，其中大部分可追溯到数据泄露。[1] 可见，个人信息保护迫在眉睫，采用何种保护模式是各国都在不断探索的实践，其中最为基础性的理论问题在于个人信息和隐私的关系。美国将个人信息置于隐私法中予以保护，[2] 欧盟将个人信息与隐私分别保护，[3] 不同的模式选择取决于各国对个人信息属性认识的不同。我国语境下该采用何种保护模式，也有赖于进一步厘清个人信息的法律属性、个人信息与隐私的关系、个人信息的权利化之路。

二、个人信息规范表达及法律属性

个人信息和隐私的关系问题以及个人信息权利化的问题都离不开对个人信息法律属性的追问，个人信息和隐私的关系可以从个人信息的本质属性中发掘出两者法律属性的关联性，个人信息的法律属性又影响着个人信息权利化的必要性和可能性，而对个人信息法律属性的追问应当回归到规范法学关注的法律规范表达本身。

---

[1] Rabin R. L. , "Perspectives on Privacy, Data Security and Tort Law", *DePaul L. Rev.* , 66 (2017), 313.

[2] Schwartz P. M. , "Privacy and Participation: Personal Information and Public Sector Regulation in the United States", *Iowa Law Review*, 80 (1995), 558.

[3] Tiffany Curtis, "Privacy Harmonization and The Developing World: The Impact of the EU's General Data Protection Regulation on Developing Economies", *Wash. J. L. Tech. & Arts*, 12 (2016), 96.

（一）个人信息保护的规范表达

从法律规范角度而言，近年来，我国立法已经形成了个人信息保护的基本框架：① 2012 年《全国人民代表大会常务委员会关于加强网络信息保护的决定》明确规定，国家保护能够识别公民个人身份和涉及公民个人隐私的电子信息；② 2013 年《电信和互联网用户个人信息保护规定》第 4 条[1]采用列举加概括的方式界定了个人信息的内涵和外延，个人信息的本质特征在于"能够单独或者与其他信息结合识别用户"；③ 2014 年《最高人民法院关于审理利用信息网络侵害人身权益民事纠纷案件适用法律若干问题的规定》第 12 条[2]规定了侵害类型化的个人信息应当承担侵权责任；④ 2017 年《网络安全法》第 76 条第 5 项[3]也采取列举加概括的方式定义个人信息，个人信息的本质特征还是界定为"能够单独或者与其他信息结合识别自然人个人身份"；⑤ 2017 年《民法总则》第 111 条规定了自然

---

〔1〕《电信和互联网用户个人信息保护规定》第 4 条：本规定所称用户个人信息，是指电信业务经营者和互联网信息服务提供者在提供服务的过程中收集的用户姓名、出生日期、身份证件号码、住址、电话号码、账号和密码等能够单独或者与其他信息结合识别用户的信息以及用户使用服务的时间、地点等信息。

〔2〕《最高人民法院关于审理利用信息网络侵害人身权益民事纠纷案件适用法律若干问题的规定》第 12 条：网络用户或者网络服务提供者利用网络公开自然人基因信息、病历资料、健康检查资料、犯罪记录、家庭住址、私人活动等个人隐私和其他个人信息，造成他人损害，被侵权人请求其承担侵权责任的，人民法院应予支持。

〔3〕《网络安全法》第 76 条第 5 项：个人信息，是指以电子或者其他方式记录的能够单独或者与其他信息结合识别自然人个人身份的各种信息，包括但不限于自然人的姓名、出生日期、身份证件号码、个人生物识别信息、住址、电话号码等。

人的个人信息受法律保护。这些立法规范形成了我国个人信息保护体系，明确表明了我国对个人信息保护的信心和决心，明确界定了个人信息的内涵和外延，明确确定了个人信息的本质特征即可识别性，明确规定了侵害个人信息的侵权责任。从这些法律法规司法解释还可以看出：①个人信息本质上应理解为属于法律保护的法益，侵害个人信息应当承担侵权责任，最高人民法院司法解释明确规定了侵害个人信息的侵权责任，解释论上可将个人信息理解为《侵权责任法》第 2 条中的利益；②个人信息的特征在于可识别性，一项事实是否构成个人信息其判断标准为是否可以通过此事实准确识别个人身份，《电信和互联网用户个人信息保护规定》第 4 条和《网络安全法》第 76 条第 5 项明确规定了个人信息的判断标准；③法律文本并未明确规定个人信息和隐私的关系，最高人民法院司法解释第 12 条简短地使用"个人隐私和其他个人信息"术语，这是否暗含了最高人民法院对个人信息和隐私关系的态度；④所有的规范均未明确规定个人信息的权利属性，即立法上不存在个人信息权概念，个人信息受到法律保护自不言待，但个人信息是否得以上升为个人信息权，有待于立法进一步释明；⑤关于前文的三个问题，我国法律并未给出确切答案，个人信息的法律属性没有定论，个人信息和隐私的关系没有厘清，个人信息是否权利化以及如何权利化还有待进一步努力。

（二）个人信息的法律属性界定

个人信息属于私权，需要民事立法予以保护，这在学界形成了共识。[1] 但是关于个人信息法律属性的定位仍是学界争议的一个问题。法教义学角度，个人信息的法律属性决定了造法者建构法典时对个人信息受侵害时的救济路径以及制定什么样的个人信息保护法更适应我国国情的基本问题。一种观点认为个人信息属于财产权，是一种信息主体对其个人信息的商业价值进行支配的新型财产权。[2] 一种观点认为，个人信息属于人格权，个人信息不是财产，它只是人格要素扩张的产物，是人格权扩张的产物，其本质属性唯有人格权。[3] 一种观点认为，个人信息本质上是"人格权兼财产权客体"，应受到人格权法和财产权法的双重保护。[4] 还有一种观点认为，个人信息的本质属性是一种框架性权利，是类似于一般人格权，而非具体人格权的一种权利。[5]

　　不同的观点反映了论者不同的价值判断，我国个人信息的

　　〔1〕　王利明：《论个人信息权在人格权法中的地位》，载《苏州大学学报》2012 年第 6 期，第 68 页。张里安、韩旭至：《大数据时代下个人信息权的私法属性》，载《法学论坛》2016 年第 3 期，第 127 页。齐爱民：《论个人信息的法律属性与构成要素》，载《情报理论与实践》2009 年第 10 期，第 26 页。刁胜先：《论个人信息的民法保护基础——兼论个人信息、民法保护的精神利益与物质利益》，载《内蒙古社会科学（汉文版）》2011 年第 5 期，第 58 页。
　　〔2〕　刘德良：《个人信息的财产权保护》，载《法学研究》2007 年第 3 期，第80 页。
　　〔3〕　崔聪聪：《个人信息控制权法律属性考辨》，载《社会科学家》2014 年第9 期，第 99 页。
　　〔4〕　王玉林：《大数据中个人信息开发利用法律问题研究》，载《情报理论与实践》2016 年第 9 期，第 21 页。
　　〔5〕　任龙龙：《个人信息民法保护的理论基础》，载《河北法学》2017 年第 4期，第 190 页。

准确定位有赖于科学的解释方法，体系解释或许可为我们提供一定的解释力。体系解释是法律解释的一种重要方法，它是指以法律条文在法律体系上的地位，即依其编、章、节、条、款、项之前后关联位置，或相关法条之法意，阐明其规范意旨。[1]该解释方法以法律条文的体系为基础，对法律条文进行体系解读。综观《民法总则》，对其民事权利一章作体系解释有助于正确认识个人信息的法律属性。从条文体系可以发现，个人信息的本质属性是人格利益，具体理由如下：其一，它不属于身份权，因为其体系定位上位于身份权条款之前，应独立于身份权，同样也不属于身份利益。其二，它不是人格权，因为其法律术语的表达选用了"个人信息"而非"个人信息权"；从权利的法定性角度而言，个人信息还未上升至权利高度，《民法总则》乃至我国所有的民事立法中均未使用个人信息权概念，规范上其只能归于人格利益范畴。其三，框架性权利的观点将个人信息权作为一种集合权利，是众多子权利的集合，这些子权利的客体并非同一，或为人格要素或为财产，从而个人信息权本身或为人格性，或为财产性。集合权利的观点将个人信息项下的具体个人信息这样的客体作为独立的子权利，这样会导致我们无法区分个人信息权和姓名权、隐私权的关系，也无法区分个人信息权和一般人格权的关系，从而会导致在人格权体系中，个人信息权无法占据合适的体系定位。我国民法承袭大陆民法

---

〔1〕 梁慧星：《民法解释学》，法律出版社 2015 年版，第 219-220 页。

以来，一直坚持财产权和人身权二元界分标准，个人信息权并没有强大的独特性超越权利二元分类标准，我们无法想象，它既不是财产权，也不是具体人格权，而是类似于一般人格权却不是一般人格权的权利类型。其四，个人信息应定位为人格利益，因其体系上位于人格权之下，即具有人格权的一般要素。现今《民法总则》将个人信息的规定置于人格权之后，身份权之前，从体系解释方法而言，宜将个人信息界定为与个人相关的，生而享有的人格利益。《民法总则》第111条规定个人信息的保护条款，立法将个人信息置于民事权利一章，设在第109条一般人格权和第110条具体人格权之下，第112条人身权利和第113条财产权利之上；并且《民法总则》民事权利一章不仅包括民事权利还包括民事利益，在它不属于人格权的前提下，将其定位为人格利益是合适的。个人信息受保护的法理基础在于个人的信息自决，而个人信息自决的法理基础即人格尊严和人格自由。人之所以为人，正是因为其可对自身形成和发展与人格相关的情事有排他的自决权，而个人信息的收集、处理或者利用直接关系到信息主体的人格尊严和人身自由，个人对其自身信息享有全部利益，具有对世性和独立性。应当承认的是，个人信息所承载的私益是显而易见的，其本质上属于人格利益也毋庸置疑，但由人格利益而衍生出来的财产利益也值得法律保护，即个人信息财产赋权仍需法律保护。

三、个人信息与隐私的关系

关于个人信息和隐私的关系，似乎剪不断理还乱，我国学界对此认识并不统一，主要有以下三种观点："隐私包含个人信息论""个人信息独立于隐私论""个人信息包含隐私论"。

（一）隐私包含个人信息论

美国法将个人信息纳入隐私权保护范畴，信息隐私仅为隐私之一种。自有法律以降，人身和财产是法律充分保护的两大领域，只是人身和财产权利表达的范围和性质需要应时而变。这种改变的推动力源于政治、经济、文化、社会乃至于生态，更多时候是这五位一体的助推。隐私是个人社会生活私密空间的体现，随着社会发展、时代变迁，人们愈加重视隐私的保护，隐私对个人自治和自由是必要的，即便是最开放、最爱交际的人也珍视它，它与生活质量同样重要，其自身就很有价值，然其是否应上升至法律保护之高度乃新近之事，系统的隐私权只是在 20 世纪才得到发展。[1] 1890 年 12 月 25 日布兰代斯和沃伦在《哈佛法律评论》发表《隐私权》（The Right to Privacy）一文，标志着隐私权概念的近代思辨。[2] 该文指出，隐私权类似于名誉权、版权，但又独立于二者，它强调的是私人事务不

---

〔1〕 ［美］丹·B. 多布斯：《侵权法》，马静等译，中国政法大学出版社 2014 年版，第 1034 页。

〔2〕 Neil M. Richardst, Daniel J. Solovett, "Prosser's Privacy Law: A Mixed Legacy", *Cal. L. Rev.*, 98 (1924), 1891.

被他人转述、评论。具体而言，隐私关涉私人生活、习惯、行为以及个人社会关系。当然，隐私权的私性正义也受到公共利益的合理限制，隐私权并不禁止公开涉及公共利益的事项；此外，已公开发表或同意发表的事实不再成为隐私权的客体，被公开事项的真实性与否不是评价是否是隐私权的标准之一，侵害隐私权不需要行为人主观具有恶意，即采无过错责任归责。[1] Prosser 教授在前文的基础上又发展了隐私的内涵，其在《隐私》一文中将隐私划分为四种类型。[2] 这四种类型后来为美国《侵权法重述第二版》一书所采纳，即：①不合理地侵入他人隐私空间；②未经允许使用他人姓名或肖像；③不合理地公开他人私人信息；④在公众面前歪曲他人的形象。[3] 从这些条文可以看出，美国隐私概念是一种较为广义的概念，它包括一般意义上的隐私空间、私人生活，也包括姓名和肖像、形象以及个人信息。第一种情形中必须存在对私人范畴故意地窥探或侵扰；第二种情形主要指被告未经允许将原告姓名、肖像进行商业化利用，此类案件属于侵犯原告身份的"财产权"；第三种情形强调公开他人私人事务，但公开事情对原告的伤害必须达到严重程度；第四种情形针对依一般善意之人而言高度冒犯公开扭曲原告形象的行为，此种扭曲行为的判断取决于陈述的

---

〔1〕 ［美］路易斯·D. 布兰代斯，沃伦：《隐私权》，宦盛奎译，北京大学出版社 2014 年版，第 3 页。

〔2〕 William L. Prosser, "Privacy", 48 *Cal. L. Rev.*, 383（1960），390-403.

〔3〕 ［美］美国法律研究院：《侵权法重述第二版：条文部分》，许传玺、石宏、和育东译，法律出版社 2012 年版，第 293-294 页。

内容和环境。[1] 其中第三种情形的隐私包含了个人信息，获得信息的手段正当与否都有可能构成信息侵权。[2] 此种侵害信息隐私的行为并非基于公开的信息准确与否，而是公开的信息非常私密且未获得原告授权。[3] 美国法关注的重点在于个人信息侵害的救济，并不执着于个人信息和隐私的界分，但实际上此时对隐私的侵犯即对个人信息的侵害，两者实为一体，浑然天成。我国也有相似观点，最高人民法院侵权责任法研究小组界定的隐私权是指自然人享有的对其个人的、与公共利益无关的个人信息、私人活动和私有领域进行支配的一种人格权。它主要包括个人信息控制权、个人活动自由权、私有领域不受侵犯权和权利主体对其隐私的利用权。[4] 个人信息和往事不被公开也属于隐私权的范畴。[5] 学界认为，个人信息权利化中信息主体对个人信息最主要的权利即信息控制权。[6] 如果将个人信息权最为核心的控制权能纳入隐私权保护范畴，则个人信息无独立于隐私之特性。此种定义将个人信息和隐私权融合在一体，

---

〔1〕 ［美］文森特·R. 约翰逊：《美国侵权法》，赵秀文译，中国人民大学出版社 2004 年版，第 311-317 页。

〔2〕 ［美］丹·B. 多布斯：《侵权法》，马静等译，中国政法大学出版社 2014 年版，第 1040-1041 页。

〔3〕 ［美］小詹姆斯·A. 亨德森等：《美国侵权法实体与程序》，王竹等译，北京大学出版社 2014 年版，第 759 页。

〔4〕 最高人民法院侵权责任法研究小组：《〈中华人民共和国侵权责任法〉条文理解与适用》，人民法院出版社 2016 年版，第 23 页。

〔5〕 胡雪梅：《英国侵权法》，中国政法大学出版社 2008 年版，第 297 页。

〔6〕 崔聪聪：《个人信息控制权法律属性考辨》，载《社会科学家》2014 年第 9 期，第 96 页。

采纳大隐私权概念，隐私权包含个人信息，此时的隐私权救济不仅应确保公民私密信息不被非法公开，还应保障公民私生活不被打扰、私人空间不被非法侵入以及对自身信息的自主决定。[1]

(二) 个人信息独立于隐私论

近年来，美国有学者也认为个人信息是一种有别于隐私的可识别特定人身份的权利。[2] 虽然个人信息和隐私权具有较高的相似性和复杂的重合性，但我国学者多主张将两者区分。个人信息独立于隐私，个人信息权是一项独立的人格权，独立人格权符合个人信息权的内在属性。[3] 李永军教授认为纯粹的个人信息和隐私是相对容易界定的，但还存在两者交叉之处，即隐私性信息。[4] 王利明教授认为，个人信息权和隐私权的区别体现在权利属性、权利客体、权利内容和保护方式四个方面的不同。[5] 权利属性上，两者主要的区别在于财产价值的发掘不同，个人信息权充满了财产价值，例如影视明星的个人信息；两者的能动性也不同，一种是主动性权利，一种是消极性权利。

〔1〕 尹志强：《网络环境下侵害个人信息的民法救济》，载《法律适用》2013年第8期，第12页。

〔2〕 Elad Oreg, "Right to Information Identity", *J. Marshall J. Computer & Info. L.*, 29 (2012), 539-592.

〔3〕 张里安、韩旭至：《大数据时代下个人信息权的私法属性》，载《法学论坛》2016年第3期，第127页。

〔4〕 李永军：《论〈民法总则〉中个人隐私与信息的"二元制"保护及请求权基础》，载《浙江工商大学学报》2017年第3期，第15页。

〔5〕 王利明：《论个人信息权的法律保护——以个人信息权与隐私权的界分为中心》，载《现代法学》2013年第4期，第66-68页。

权利客体上，隐私强调私密性，个人的隐私并不要求具有可识别性，而个人信息强调信息主体的识别性和关联性；两者被侵害的可恢复性不同，隐私一旦被披露不可恢复原状，而个人信息可恢复；两者的载体不同，信息方式记载是两者的共同特征，但是隐私的形态还包括个人活动、个人私生活等；两者涉及国家安全不同。权利内容上，隐私权强调个人私生活、个人私密、私生活自主决定权等，个人信息权强调权利主体对个人信息的支配控制权、知情权、决定权等。保护方式上，个人信息强调事前预防，隐私强调事后救济；个人信息侵权责任兼有精神损害赔偿和财产损害赔偿，而隐私权侵权责任主要是精神损害赔偿；保护手段上，隐私权主要是法律手段，个人信息保护手段多元化，包括行政手段等。

（三）个人信息包含隐私论

一般认为，个人隐私又称私人生活秘密或私生活秘密，是指私人生活安宁不受他人非法干扰，私人信息保密不受他人非法搜集、刺探和公开。[1]《网络安全法》第 76 条第 5 项规定的个人信息，是指以电子或者其他方式记录的能够单独或者与其他信息结合识别自然人个人身份的各种信息，包括但不限于自然人的姓名、出生日期、身份证件号码、个人生物识别信息、住址、电话号码等。依据我国现行法律对个人信息和隐私的内涵进行区分是困难的，隐私和立法规范的个人信息的定义角度

---

〔1〕 张新宝：《从隐私到个人信息：利益再衡量的理论与制度安排》，载《中国法学》2015 年第 3 期，第 38 页。

不同，故很难将两者进行比较。前者是对私人领域侵入程度的判断，如果侵入的程度超过了一般容忍程度，则会被视为对隐私的侵犯，是以行为后果为依据的判断；后者是对信息本身的识别和指向性进行的判断，能够识别为特定身份主体的即个人信息。从两例定义的角度而言，隐私意味着存在一个预先的价值判断，即某行为影响权利人的生活安宁；而个人信息更强调事实判断，即是否可以识别特定主体。[1] 两者在某种程度上并非互斥，对个人信息的侵害也可能影响权利人的生活安宁，而对隐私的侵害往往也伴随着隐私主体的可识别性。就隐私权的范围而言，美国法将个人信息纳入隐私权体系中有其深厚的历史背景，其隐私权制度发展健全，几乎可以囊括所有关于带有人格权因素的权利，相当于大陆法系的一般人格权；美国隐私权侧重于保护公民的人格权，而个人信息的法律属性兼顾人格和财产要素，美国对个人信息的人格属性采隐私权保护模式，对个人信息中的财产属性则采公开权予以保护。对比我国隐私权制度，隐私权仅为具体人格权之一种，其仅彰显权利人的人格属性，若将个人信息纳入隐私权的保护范畴，不仅和美国隐私权概念范围难以等同，容易造成"南橘北枳"的尴尬局面，同时也泯灭了个人信息的财产属性，对日显重要的个人信息的保护极为不利。就体系解释角度而言，《民法总则》第110条和第111条分别规定了隐私权和个人信息，可见我国立法也对隐

---

〔1〕　谢远扬：《个人信息的私法保护》，中国法制出版社2016年版，第28页。

私权与个人信息进行区分，并未将个人信息纳入隐私权保护范围。但这种区分是否就排斥了个人信息较之隐私更为广泛的内涵，在个人信息研究不甚深入的当下，简单认为个人信息和隐私是相互独立的，或许有些草率，故有学者认为，个人信息包括隐私权，个人信息除了个人隐私外还包括其他信息，个人隐私只是个人信息的一部分。[1]

从法律属性上看，前文已经论证个人信息属于人格利益，隐私权也属于人格利益，在法律属性层面，两者具有实质一致性；从法律规范上看，虽然前文法律文本并未明确表明个人信息和隐私的关系，但是我们仿佛可见，个人信息包含个人隐私，例如《电信和互联网用户个人信息保护规定》中"识别公民个人身份和涉及公民个人隐私的电子信息"、《最高人民法院关于审理利用信息网络侵害人身权益民事纠纷案件适用法律若干问题的规定》中"等个人隐私和其他个人信息"，文义解释上，这两则规范暗含着个人隐私仅是个人信息之一种的解读。一般而言，无论出台的法规抑或学者的论述中都会使用"敏感信息"这一术语，但却很少对其进行界定。[2] 个人敏感信息是相对于一般个人信息而言的，是将信息主体的民族、政治、信仰、基因、健康、性取向等极为隐秘的信息在法律中特别规定，这类信息涉及信息主体的隐私，关涉公民人格尊严与人身自由，故

---

〔1〕 史卫民：《大数据时代个人信息保护的现实困境与路径选择》，载《情报杂志》2013 年第 12 期，第 157 页。

〔2〕 Ohm P., "Sensitive Information", *S. Cal. L. Rev.*, 88 (2015), 1132.

对其保护尤为重视。欧盟对个人信息保护主要规定于 1995 年的《欧盟个人数据保护指令》中；1995 年欧盟在《欧盟个人数据保护指令》第 8 条第 1 款规定了特殊类型信息，即敏感信息，它是指透露种族、民族本源、政治观点、宗教信仰、世界观、工会关系以及健康和性生活有关的个人信息。[1] 2016 年欧盟《一般数据保护条例》增加了个人敏感信息的种类，即基因数据、安全数据等。[2] 美国对个人信息的保护纳入隐私权的涵射范围内，对消费者个人信息的保护零碎地规定在各州与地区数以百计的隐私数据法规中。《美国—欧盟的隐私安全港原则》在其"选择权"条款规定，个人敏感信息包括：医疗与健康，人种与种族出生，政治观点、宗教或哲学信仰，贸易组织的成员资格，与某个人的性生活有关的个人信息。[3] 2015 年美国《消费者隐私权利法案（草案）》第 4（a）条[4]规定，消费者个人敏感信息是指被经营者所控制的信息，且通过该信息结合具体情景可以关联到特定的消费者或者特定消费者常用的设备。

---

〔1〕　Directive 95 /46 /EC, of the European Parliament and of the Council of 24 October 1995 on the Protection of Individuals with Regard to the Processing of Personal Data and on the Free Movement of Such Data, 1995.

〔2〕　REGULATION （EU）2016/679 OF EUROPEAN PARLIAMENT AND OF THE COUNCIL of 27 April 2016 on the protection of natural persons with regard to the processing of personal data and on the free movement od such data, and repealing Directive 95/46/EC（General Data Protection Regulations）.

〔3〕　齐爱民：《拯救信息社会中的人格——个人信息保护法总论》，北京大学出版社 2009 年版，第 105 页。

〔4〕　Administration Discussion Draft：Consumer Privacy Bill of Rights Act of 2015, sec. 4.（a）.

《信息安全技术公共及商用服务信息系统个人信息保护指南》中明确将个人信息分为个人敏感信息和个人一般信息。个人敏感信息（personal sensitive information）是指一旦遭到泄露或修改，会对标识的个人信息主体造成不良影响的个人信息。例如个人敏感信息可以包括身份证号码、手机号码、种族、政治观点、宗教信仰、基因、指纹等。个人一般信息（personal general information）是指除个人敏感信息以外的个人信息。个人敏感信息的定义是从行为结果角度予以界定，其与隐私的定义方法不谋而合，均强调对受害人私密生活造成不良影响。而从保护范围上可见，个人敏感信息的类型均为个人隐私的范畴，隐私一旦被泄漏即构成侵权，个人敏感信息也是如此。故而，从形式逻辑出发，个人敏感信息就是隐私，个人信息和隐私是包含关系，即个人信息包含隐私，隐私是个人信息的下位概念，是个人信息的一部分。

四、个人信息权利化的必要性和可能性

个人信息本质上属于人格利益，个人敏感信息就是隐私，既然隐私权已经于 2009 年《侵权责任法》之中权利化，那么个人信息的权利化进程也只是时间问题。

（一）个人信息权利化的必要性

有学者认为，个人信息既然用于识别信息主体，宜将其作为人格保护，同时要充分认识其具备精神利益与物质利益的双重属性，个人信息所具备的财产属性永远是第二性的、派生的，

依附于第一性的、原始的人格属性，故个人信息权宜作为概括的或者说框架性的人格权进行保护。[1] 这是从解释论角度为基础，寄希望于法院通过法律解释的方式在具体个案中保护信息主体。笔者认为框架性权利类似于一般人格权，诚然，一般人格权保护的目的也是保护个人信息的人格尊严和人格自由，但是在司法层面通过一种框架性的权利在具体个案中适用存在很大的不确定性。一般人格权作为兜底性人格权保护个人尊严，是为了适应社会发展中出现的新兴事物为个人提供全面保护，而一般人格权理论在我国主要还停留在理论层面，其相关法律规制发展并未完善。个人信息具有完全的人格权和财产权请求权基础，对其侵害如果采用一般框架权进行保护，容易导致同案不同判的混乱局面。大数据时代背景下，信息成为国家、个人一种不可或缺的资源，如果法律不能为信息提供稳定的法权保障，势必会阻碍信息产业的长足发展。

当我们谈论是否要创建一项权利时，实际上是论证仅依赖现有的权利已无法满足社会的客观需求，而必须构建新的权利以实现对必要权益提供应有保护的目的，个人信息权利化正是有此必要性需求的。正如前文所述，个人信息的内涵更广于个人隐私，采用隐私权保护个人信息显然已不能满足信息化社会的需求。就司法实践而言，目前我国关于个人信息的民事案件

---

〔1〕 鞠晔、凌学东：《大数据背景下网络消费者个人信息侵权问题及法律救济》，载《河北法学》2016 年第 11 期，第 54—55 页。

大多采用隐私权和名誉权予以保护。[1] 诚然，个人信息中包含隐私、名誉等一些权利要素，但仅依靠隐私权和名誉权保护个人信息显然是捉襟见肘。首先，在权利本源层面，个人信息受保护的法理基础在于人格尊严和人身自由不受侵犯，其对自身信息具有自主决定权，此即个人信息保护的目的；但隐私权、名誉权的本源并非保护信息主体对信息的控制。我国法上的隐私权是维护他人私生活安宁不被打扰，名誉权是维护他人被评价不受贬损，为实现这一目的，个人对自身信息的控制是必要的手段，但却不是权利的目的。现实中，一般侵犯个人信息的案件大多与侵犯名誉、隐私有关，但是也会发生没有侵犯隐私权、名誉权却侵犯个人信息的案件，例如对他人信息储存有误的行为。其次，在举证责任层面，由于技术、人力、财力等方面数据从业者都具有优势，因此，信息主体对自身信息的参控力度较小。在信息收集、处理的过程中与数据经营者的地位不平等，处于弱势地位。在信息纠纷中，囿于技术、经济的局限，信息主体举证困难，如果从法技术层面将举证责任倒置，又缺乏法律的特别规定。因此，仅依赖隐私权、名誉权等现有的权利制度无法衡平信息主体与数据从业者之间的不平等局面。创造一项权利并非否定其他具体权利的功能价值，只是在其他具

---

〔1〕 类似的案件有：云南省昆明市中级人民法院（2004）昆民二终字第 785 号民事判决书；北京市朝阳区人民法院（2008）朝民初字第 10930 号民事判决书；上海市第一中级人民法院（2009）沪一中民二（民）终字第 4042 号民事判决书；深圳市宝安区人民法院（2010）深宝法民一初字第 1034 号民事判决书。

体权利不能完全涵盖个人信息保护范围时，此时个人信息权为个人提供更周全的保护。[1] 可以想象，未来民法典制定之时，有必要将个人信息权利化，规定详细的个人信息权，为信息主体提供周全的权利保护。

（二）个人信息权利化的可能性

就国外立法例而言，美国个人信息保护向来是以侵权救济的形式存在，而欧盟委员会发布的《一般数据保护条例》当属国际社会有关个人信息保护最新最全面的法律文件。但后者并未对个人信息的保护上升为一种权利，而是采用"基本原则+具体行为规范"的立法体例，虽然赋予信息主体一定的权利，但并不是排他性的控制权利。[2] 这和欧盟对个人信息是以人权为基线的保护理念分不开，且欧盟各国对个人信息的保护采用不同的标准。笔者认为，赋予信息主体基本权利保护其个人信息上承载的人格尊严和人身自由是成文法国家立法的应有之义。一项权利的确定并非易事，我国是大陆法系国家，个人信息权的确定对体系化立法和司法实践更显重要。确定一项权利就是确定权利的内涵和外延，赋予个人应有的请求权基础，维护法律的稳定性。就个人信息内容层面而言，个人信息权的实质是保护信息主体对自身信息的控制，维护个人信息人格尊严和人

---

〔1〕谢远扬：《个人信息的私法保护》，中国法制出版社2016年版，第216页。

〔2〕高富平主编：《个人数据保护和利用国际规则：源流与趋势》，法律出版社2016年版，第3页。

身自由，而后者与一般人格权的权利本源一致，个人信息权是一般人格权应有的内容。但事物的重要性与其受关注的程度呈正比关系，在信息爆炸的时代，互联网渗透到个人的方方面面，信息利用范围广、传播速度快，因此信息主体受侵害的风险也增高。在这种特殊的场域下，对信息主体进行特殊保护，将个人信息保护从一般人格权中独立出来，也正是一般人格权的功能所在，即在新兴权利尚未权利化之前为个人提供框架性的请求权基础。个人信息权产生的基础在于个人信息为其客体，我国《民法总则》第111条明确对个人信息进行了规范指引，信息的法律属性是人格属性，其财产属性是信息人格属性的财产性扩张，因此，将个人信息权作为一种开放性的权利对其权利化，是因为其有相应的请求权基础，可在未来信息产业的发展中为信息主体提供充足的法权保障。

第五章
个人信息处理基本原则研究

——比较视野下的中国抉择

摘要：个人信息处理过程中涉及个人信息主体和信息处理者之间的利益衡量，《个人信息保护法》呼之欲出，处理二者之间矛盾有赖于一系列具体规则，而规则之上还有统摄信息处理的基本原则，这些原则对个人信息处理起到关键的指引和规范作用。比较国际经验和我国既有经验，个人信息处理有三个方面八项原则：①信息处理二阶段原则包括收集限制原则和使用限制原则；②贯穿信息处理全过程中关涉信息本身原则包括质量保证原则、安全保障原则、目的明确原则和公开透明原则；③关涉信息主体原则包括个人参与原则和知情同意原则。

关键词：个人信息处理；基本原则；比较经验；中国抉择

一、问题的提出

从利益衡量角度而言，个人信息处理过程中涉及个人信息主体和信息处理者之间的利益衡量。具体到利益衡量之利益性质，信息主体的利益关涉人格利益和财产利益，人格利益主要是信息主体的隐私权保护，以及围绕隐私权而派生出的其他人格权利，如知情同意权、更正删除权、查阅权等；而财产利益主要是信息从信息主体处动态流向信息处理者处的许可费用以及信息遭受非法公开的追偿权乃至于人格利益受到侵犯的损害赔偿请求权。信息处理者的利益主要体现在信息公开能为信息处理者带来的财产利益。由此可见，信息主体和信息处理者之间的利益衡量至少关涉两对利益矛盾，一对是信息主体隐私保护和信息处理者公开信息之间的矛盾冲突，一对是信息主体的人格利益及财产利益与信息处理者财产利益之间的矛盾冲突。显然前一对矛盾是信息处理中的主要矛盾，而后一对矛盾是次要矛盾，不过可以说，两对矛盾都很重要，均需要审慎对待、细致解决。

个人信息主体隐私保护和个人信息处理者公开信息之间的矛盾主要源于互联网技术的发展，与网络相关的产业实体纷纷利用信息，商家们精准营销，从而享受着大数据处理带来的技术红利；与此同时，政府的社会管理也需要信息处理，可以说对个人信息、企业信息的收集和分析是政府进行社会管理的基础。可见，无论是经济领域的产业发展还是社会领域的政府治理，重视信息利用是大数据时代的潮流，于是，信息保护和信息利用之间的关系似乎是一个无法破解的死结。[1] 而解开死结的关键在于一系列十分系统完善的制度，但殊值肯定的是，这些制度存在一些共通的原则，而这个原则就是处理信息主体隐私权保护和信息处理者公开信息之间矛盾的基本原则，这些基本原则对个人信息处理起到关键的、基础的指引和规范作用，是个人信息处理中亟须优先解决的问题。《个人信息保护法》呼之欲出，哪些原则可以成为个人信息处理中的基本原则？这是本书重点研究的问题，不过，需要说明的是，个人信息处理行为包括个人信息的收集、使用、储存、转移、披露和销毁行为。[2] 收集和使用是比较法以及我国学界研究的两个独立项，如无特别说明，本书遵从研究惯例，处理行为包括收集和使用。

二、个人信息处理基本原则的比较经验

比较研究的价值在于通过研究国际立法经验，从而为我国立法提供有益借鉴。本书选取国际上具有影响力的信息保护规范作为研究对象：1980 年经济合作与发展组织《隐私保护和个

〔1〕　崔聪聪、巩姗姗、李仪等：《个人信息保护法研究》，北京邮电大学出版社 2015 年版，第 113 页。
〔2〕　高富平主编：《个人数据保护和利用国际规则：源流与趋势》，法律出版社 2016 年版，第 45 页。

人数据跨境流通指南》、2012 年欧洲委员会《个人数据处理中的个人保护公约》、2016 年欧盟《一般数据保护条例》。

（一）经济合作与发展组织《隐私保护和个人数据跨境流通指南》

经济合作与发展组织（The Organisation for Economic Co-operation and Development，简称 OECD），1980 年发布了《隐私保护和个人数据跨境流通指南》（Guidelines on the Protection of Privacy and Transborder Flows of Personal Data，以下简称《指南》，本书混合使用个人数据和个人信息概念，如无特殊说明，两者视为同一）确立了个人数据保护的八项基本原则：收集限制原则、数据质量原则、目的特定原则、使用限制原则、安全保护原则、公开原则、个人参与原则和责任原则。收集限制原则中之限制体现在两个方面，一是数据的收集手段必须是合法公平的，二是数据收集时应当经过数据主体知情同意；数据质量原则强调收集使用的数据应当准确、完整并适时更新；目的特定原则贯穿于信息处理全过程，包括收集、使用乃至于更正；使用限制是原则，例外是数据主体同意以及法律授权；个人数据的安全应当得到保护，这是安全保护原则，信息安全原则的一种做法就是信息匿名化，信息控制者对数据集中可以识别个人身份的信息予以改变或者删除，从而使信息利用者不能再识别信息主体[1]；公开原则要求数据的开发、应用和操作规则应当公开；个人参与原则罗列了个人参与者的权利，确认权、知情权、异议权、删除权、更正权、修改权，这些虽名为权利，但实为信息主体信息人格权派生出的一项项权能；责任原则特指数据控制者违反原则的责任。

从这些原则可以看出，①有些原则名为原则实为规则，最为典型的是责任原则，财产规则和责任规则是权利保护的两项基本规则，责任原则实际上就是责任规则，是对信息主体权利保护的具体规则。又如信息处理过程中的原则有二，一是信息收集阶段的收集限制原则，主要是知情同意权的贯彻，一是信息使用阶段的使用限制原则，使用也需要知情同意或者法律授权，由此可见，这两项原则也是名为原则，视为信息处理的限制规则。②对这些原则进行简单归类可以发现，个人参与原则是强调信息主体的权利，而其他各项均是信息处理者的义务或者责任。此外，关于信息处理者的原则也可以区分为针对处理过程中的原则，如收集限制原则、使用限制原则；针对数据的原则，如数据质量原则、（数据）安全保护原则；针对信息使用的原则，如目的特定原则、公开原则；针对信息处理者本身的原则，责任原则。③多方位观察这些基本原则，我们会发现，《指南》规定的原则并不是类型并列、逻辑严密的原则体系，而

---

[1] Jules Polonetsky, Omer Tene, Kelsey Finch, "Shades of Gray: Seeing The Full Spectrum of Practical Data De-identification", *Santa Clara Law Review*, 56 (2016), 596.

是罗列了制定者认为比较重要的一些规则。

经过几十年的发展，《指南》也需要应时而变，自 2012 年起，微软公司组建工作组对《指南》提出了一些修改意见，具体到基本原则领域，意见将个人信息处理的原则区分为两个阶段，即个人数据收集行为的原则和个人数据使用行为的原则，这是按照信息处理的两个阶段进行的划分，有其空间上的合理性，与前文的分析如出一辙。[1] 收集阶段的原则主要是收集原则，这取代了收集限制原则，该原则包括遵守其他有关收集行为的法定限制，不得通过欺骗或欺诈手段收集个人数据，以及通过阻止隐蔽的且难以预料的数据收集行为来确保透明。可见该原则的内涵已经大大超出了收集限制原则的范围。使用阶段的原则包括使用原则、数据质量原则、个人参与原则。这三项原则与《指南》规定的原则并没有太大出入，只是个别原则限制的程度愈加严格。还有四个原则适用于数据处理行为全过程，具有共同性，包括公开原则、安全保护原则、责任原则和实施原则。前三项原则与《指南》规定的原则在实质上基本相同，第四项原则强调的是政府行为，各国政府被要求投入财政和人力资源以实施数据保护法律。

（二）欧洲委员会《个人数据处理中的个人保护公约》

欧洲委员会于 1981 年通过《个人数据自动化处理中的个人保护公约》，2012 年该公约修改为《个人数据处理中的个人保

---

[1] 高富平主编：《个人数据保护和利用国际规则：源流与趋势》，法律出版社 2016 年版，第 46-52 页。

护公约》（以下简称《公约》）。[1]《公约》第二章规定了数据保护基本原则。第 4 条规定了实施原则，缔约国需要采取必要的措施实施《公约》。第 5 条至第 8 条规定了目的特定原则、收集限制原则（收集时的知情同意）、使用限制原则（处理时的公正合法）、数据质量原则、安全保护原则、公开透明原则、个人参与原则和敏感数据处理安全保护原则。其他原则与前述《指南》规定的原则实质相近，唯有敏感数据处理安全保护原则值得特别关注，首先，本《公约》采取了列举的方式规定了个人敏感数据的种类，主要有基因、个人生物特征、种族、宗教信仰、性生活等数据；其次，规定了敏感数据处理的法律条件，在《公约》之外还有其他合适的法律提供其他适当安全保护的前提下才可以处理个人敏感数据；最后，要求适当的安全保护措施可以预防在处理上述敏感数据过程中对数据主体的利益、权利与基本自由产生的风险，尤其是歧视的风险。一言以蔽之，关涉个人敏感数据的处理需要慎之又慎。

（三）欧盟《一般数据保护条例》

1995 年，欧盟颁布《数据保护指令》，这是欧盟第一个统摄公私领域的信息保护法案，在当时对欧盟成员国信息保护起到了指导作用。但由于该指令制定于互联网尚未产生深刻影响的年代，制定者并未预料到互联网会对个人信息利用的影响如

---

〔1〕　高富平主编：《个人数据保护和利用国际规则：源流与趋势》，法律出版社 2016 年版，第 101–114 页。

此空前。时至今日，个人信息保护层面，该指令显得捉襟见肘；个人信息利用层面，严格的规则限制了信息的利用和互联网的发展。[1] 为顺应大数据时代的发展需求，2012 年 1 月，欧盟公布《一般数据保护条例（草案）》取代指令，该草案于 2016 年 4 月通过并予以颁布，于 2018 年 5 月开始生效，《条例》由 11 章、99 条构成。[2] 相较于前者，后者为信息主体增加了被遗忘权、信息携带权等新型权利，旨在增强信息主体对自身信息的控制。[3]

实施后的《一般数据保护条例》第二章专章规定了个人数据处理的原则，其中第 5 条第 1 款详细列明了个人数据处理的基本原则：（a）以合法、公平和透明的方式处理个人资料（合法、公平和透明）；（b）为了具体的、明确的和合法的目的而收集，不得以与这些目的不相符的方式进一步处理，按照第 89 条第（1）款的规定，为了公共利益进行归档、科学研究或历史研究目的、统计目的的进一步处理行为应不被认为与初始目的不相符（目的限制）；（c）数据处理应当是充分、相关并且限于与

---

〔1〕 Viktor Mayer‐Schbnberger, Yann Padovao, "Regime Change? Enabling Big Data through Europe's New Data Protection Regulation", *Colum. Scl & Tech. L. Rev*, 17 (2016), 318.

〔2〕 Tiffany Curtis, "Privacy Harmonization and The Developing World：The Impact of the EU's General Data Protection Regulation on Developing Economies", *Wash. J. L. Tech. &Arts*, 12 (2016), 96.

〔3〕 Regulation (EU) 2016/679 of European Parliament and of the Council of 27 A-pril 2016 on the protection of natural persons with regard to the processing of personal data and on the free movement od such data, and repealing Directive 95/46/EC (General Data Protection Regulations).

其处理目的有关的必要条件（数据最小化）；（d）准确并在必要时保持更新，必须采取一切合理的措施，确保在考虑到处理目的的情况下，删除或纠正不正确的个人数据（准确性）；（e）保存资料的时间不得超过处理个人资料所需的时间，根据第89条第（1）款的规定，个人资料可以存储较长时期，只要个人资料用于公共利益归档处理、科学或历史研究目的或统计目的，但需要为保障资料当事人的权利和自由采取适当的技术和组织措施（储存限制）；（f）采用适当的技术或组织措施确保个人数据的适当安全性，包括防止未经授权或非法处理以及意外丢失，销毁或损坏（完整性和保密性）。概括而言，《一般数据保护条例》规定了六项原则：合法、公平和透明原则，目的限制原则，数据最小化原则，准确性原则，储存限制原则，完整性和保密性原则。

此外，本章第6—11条规定了数据处理中的一些特殊问题，第6条规定的是数据处理的合法性问题，第7条规定的是知情同意问题，第8条规定的是信息服务中儿童同意的问题，这是对儿童信息的特别保护，第9条规定的是敏感信息处理的问题，第10条规定的是关涉刑事犯罪个人数据处理的问题，第11条规定的是不具识别性信息处理问题。这些问题既包括对《数据保护指令》的坚守和传承，也包括对指令的突破和创新，特别是儿童信息保护问题。

三、个人信息处理基本原则的中国经验

个人信息保护立法的出台不能忽视我国的特殊国情以及我国学界和实务部门目前已有的理论成果和规范文件，本书选取最新成果作为本书研究对象。

（一）理论界的草案——《中华人民共和国个人信息保护法（草案）》

21世纪初期，我国理论界也开始了个人信息保护法的立法建议研究，其中最具代表性的是中国社科院周汉华教授领衔起草的《中华人民共和国个人信息保护法（专家建议稿）》，该建议稿规定的个人信息处理基本原则主要有目的特定原则、收集限制原则、公开原则和限制使用原则。[1] 2005年，齐爱民教授在《中华人民共和国个人信息保护法示范法草案学者建议稿》[2] 中，建议了五项原则：知情同意原则、目的明确原则、限制利用原则、完整正确原则和安全原则。2009年，齐教授在其专著中认为，我国个人信息保护法应当确立九项原则：目的明确原则、知情同意原则、目的限制原则、信息品质原则、安全保护原则、政策公开原则、信息保密原则、保存时限原则和

---

〔1〕 周汉华：《中华人民共和国个人信息保护法（专家建议稿）及立法研究报告》，法律出版社2006年版，第1—27页。

〔2〕 齐爱民：《中华人民共和国个人信息保护法示范法草案学者建议稿》，载《河北法学》2005年第6期，第3页。

自由流通及合法限制原则。[1] 2012 年，我国也有学者认为，个人数据处理的行为准则主要有三项：保证数据质量与安全、个人数据处理有限进行和保证数据主体的参与。[2] 这三项原则其实包含了至少六项内容：数据质量原则、安全保护原则、目的限制原则、信息处理之收集限制原则、信息处理之使用限制原则、个人参与原则。

2017 年 3 月全国人大代表吴晓灵、周学东以及 45 位全国人大代表于两会提交《关于制定〈中华人民共和国个人信息保护法〉的议案》，并提交了《中华人民共和国个人信息保护法（草案）》（以下简称《草案》）。[3] 这是最新的个人信息保护法研究成果，考虑资料时新性，本书以《草案》作为研究对象。《草案》第一章"一般规定"中第 4 条至第 10 条建议了七项原则：合法原则，知情同意原则，目的明确原则，限制利用原则，完整正确原则，安全原则，可追溯、可异议、可纠错原则。①合法原则强调的是个人信息处理行为应当合法、正当、必要，不违反法律和当事人的约定。质言之，合法之意在于信息处理行为需要有法可依，或来自于法律法规的规定，或来自于当事人的约定即信息主体的同意。②知情同意原则强调的是信息收

〔1〕 齐爱民：《拯救信息社会中的人格》，北京大学出版社 2009 年版，第 252-288 页。
〔2〕 郭瑜：《个人数据保护法研究》，北京大学出版社 2012 年版，第 167 页。
〔3〕 http：//mp.weixin.qq.com/s/AXc_ 4nz7q_ jzIeI9xCcOjw，资料来源于微信公众号"数据人"，2017 年 11 月 12 日发布。

集行为应当经过法律的规定或者信息主体的同意。信息主体可以同意初次信息使用者对信息的利用，但是对下游访问其信息的其他信息利用者有权阻止进一步使用，除非获得信息主体的授权。[1] 该建议与合法原则之间存在重复之处，合法取得即包括来自于法律授权或者信息主体同意，二者重叠，可以考虑合二为一。③目的明确原则强调个人信息处理行为应当有明确的目的，不得以欺诈、胁迫等其他不正当的手段获取个人信息。④限制利用原则和国际社会上的限制使用原则内涵一致，个人信息处理行为与目的应当一致，必要情况下的目的变更应当有法律规定或取得信息主体的同意或其他正当理由。⑤完整正确原则是指信息处理主体应当保证个人信息在利用目的范围内准确、完整并及时更新。⑥安全原则是指信息处理主体应当采取合理的安全措施保护个人信息，应当采取补救措施，并及时告知用户并向有关主管部门报告。因为信息安全已经涉及国家网络安全，属于国家安全重要一环，其重要性不言而喻。⑦可追溯、可异议、可纠错原则是指信息处理主体必须保障个人信息来源渠道和信息使用渠道清晰。学者建议草案规定的几项原则基本上借鉴了国际社会普遍认可的几项原则，只是有些原则的表达尚需要斟酌，比如合法原则和知情同意原则的关系问题，二者是否可以考虑合二为一；再如可追溯、可异议、可纠错原则是否有必要独立存在还值得商榷。

---

〔1〕 Jacob M. Victor, "The EU General Data Protection Regulation: Toward a Property Regime for Protecting Data Privacy", *Yale Law Journal*, 123 (2013), 518.

（二）实务部门——《信息安全技术公共及商用服务信息系统个人信息保护指南》

2013 年实施的《信息安全技术公共及商用服务信息系统个人信息保护指南》第 4.2 条规定了个人信息处理的基本原则。个人信息管理者在使用信息系统对个人信息进行处理时，宜遵循以下基本原则：目的明确原则、最少够用原则、公开告知原则、个人同意原则、质量保证原则、安全保障原则、诚信履行原则和责任明确原则。①目的明确原则是指个人信息行为全过程都应当具有明确的利用目的，无论是收集还是使用抑或是更改，都不得超过事前确定的处理目的。目的明确原则是国际社会普遍关注的原则，有的称为目的特定原则，这是对信息处理者处理行为所可能带来的不良影响的防范，一般认为，明确特定合理的处理目的会让信息主体知悉处理行为可能带来的后果，这也影响信息主体知情同意的程度乃至于影响法律对信息处理行为的授权与否。②最少够用原则又称为比例原则，它是与目的确定原则相配套的原则，处理行为目的确定之后，为了实现该目的所需的信息量也是可预测的。比例原则即要求只要可以达成目的，处理行为所需要收集使用的信息越少越好；此外，出于信息安全的考虑，目的达成之后应当在最短时间内删除个人信息。③公开告知原则实际上是对信息处理者的义务要求，要求其向信息主体尽到告知、说明和警示的义务。告知的内容是前文所述的特定明确的目的，以及收集使用的范围乃至于信息保护措施。④个人同意原则望文生义，就是指处理个人信息前要征得个人信息主体的同意。实际上，学界的研究是将知情同意视为一体，不再区分告知原则和同意原则，因为告知而后知情是同意的前提，同意是告知的结果，二者没有区分的必要。⑤质量保证原则是指信息处理过程中的信息是完整准确的，如果有错误之处，应当及时更正；如果有最新状态，也应当及时更新。⑥安全保障原则是指信息处理者应当对收集使用的信息负有安全保护义务，应当采取积极管理措施和技术手段保护信息安全，防止信息泄漏等不法行为所造成的不良后果。⑦诚信履行原则是指信守诺言，言而有信，按照约定的或者法定的收集目的处理信息，在达到既定目的后不再继续处理个人信息。该原则与目的明确原则、最少够用原则重复，不宜成为独立的信息处理原则。⑧责任明确原则是指个人信息处理过程中可能产生的责任应当明确，并对个人信息处理过程进行记录以便于追溯。

综合而言，笔者认为该指南规定的基本原则较为混乱，不宜成为个人信息保护立法的示范蓝本：其一，公开告知原则和个人同意原则不宜区别规定，两者应当合并为知情同意原则；其二，诚信履行原则与多项原则重复，本身的独立性被架空，毫无原则地位的意义，不宜规定此原则；其三，自从《侵权责任法》颁布实施以来，对民事权利的侵犯应当使用该法，而无需再行确定侵犯个人信息的责任原则，《民法典》侵权责任编正在紧锣密鼓的商议之中，个人信息侵权责任必然会成为改编的一大新点，所以个人信息保护法无需规定；其四，该指南有多项国际上通行的原则没有规定，例如公开透明原则、收集限制原则、使用限制原则和个人参与原则。

四、个人信息处理基本原则的中国抉择

应当承认，由于各国国情不同，个人信息保护方式不同，个人信息的处理原则也不尽相同，诸原则之间的关系排序也不一致。[1] 但是各原则所体现的价值理念应当是一致的，比较经验的研究价值在于取长补短，我国个人信息保护立法迫在眉睫，比较经验为我国《个人信息保护法》的制定提供了制度经验和借鉴价值。综合而言，比较经验与我国既有经验对未来我国个人信息保护法中个人信息处理基本原则的启示如下：

1. 有些原则无需出现在我国个人信息保护法之中

例如实施原则、责任原则，实施原则是国际公约中督促成员国积极保护个人信息之原则，无需出现在内国法之中；责任原则实际上是责任规则，强调信息处理者违法不当处理信息所应当承担的责任，这属于侵权责任法调整范围，亦无必要成为个人信息处理之基本原则，我国实务部门规定的责任明确原则亦无需继续坚持。再如诚信履行原则、合法原则，这两项原则均为我国《民法总则》基本原则，个人信息保护法无需重复规定。又如敏感数据处理安全原则，该原则仅是安全保障原则内容之一，属于安全保障原则的特殊规定，不能上升为一项原则。

---

〔1〕 洪海林：《个人信息的民法保护研究》，法律出版社 2010 年版，第 160页。

2. 关涉信息处理过程的原则

信息处理的两个阶段是信息收集和信息使用，比较经验上，两个阶段均有相应的原则。比较经验和我国经验均规定了收集限制原则的具体内容，而数据最小化原则和最少够用原则都是收集限制原则的具体体现，无需上升为独立的基本原则，立法术语表达上宜采纳收集限制原则。使用限制原则是个人信息处理中最为核心和关键的原则，贯穿信息使用全过程，应当为我国立法所采纳。

3. 关涉信息本身的原则

其一，比较法和我国经验均有关于信息质量方面的原则，比较法上直接称为数据质量原则，我国经验上或称为完整正确原则，或称为质量保证原则，未来我国信息保护立法上宜继续沿用我国现行实务部门经验表达即质量保证原则。其二，数字化给我们带来便利的同时也给我们造成了信息泄漏的威胁。以美国为例，过去十年来，信息安全泄漏的数量大幅增加，据2014 年美国司法统计局统计，1760 万人因信息泄露而遭受实际经济损失，包括直接经济损失、间接经济损失和未来损失。[1]信息安全是所有信息保护规范的目的，自然也成为信息处理中需要重点关注的问题，各国立法和我国经验均规定了安全保障原则，未来立法时宜继续保留安全保障原则的立法表达。其三，信息处理全过程包括收集、使用等行为均需要遵守特定的目的，

---

〔1〕 Riedy M. K. , Hanus B. , "Yes, Your Personal Data is at Risk: Get over it", *SMU Sci. & Tech. L. Rev.* , 3 (2016), 8.

此即目的明确原则，或称为目的特定原则、目的限制原则，此原则是所有规范文件中均关注的原则，无需赘言。其四，信息处理全过程的透明度是比较经验中均予以关注的，此即公开透明原则。法律所指须以透明的方式处理个人资料，并非要求负责处理个人资料的实体须将资料当事人的全部资讯向公众公开，而是针对资料当事人和资料当事人以外的第三人而言，分别设置相应的法律规定，要求贯彻遵守资料处理的透明原则，可以说，公开透明原则是现代化民主社会的一个重要基本原则。[1]而我国学界对此没有相应的回应，最新的个人信息保护法建议稿没有给予此应有的重视，建议未来我国信息保护立法时明确规定公开透明原则。

4. 关涉信息主体的原则

其一，个人参与原则，该原则实际上强调的是信息主体在信息处理过程中的一项项具体权利，例如查询权、修改权、删除权等。我国立法应当对此有所回应，立法术语表达宜采纳个人参与原则，而无需使用可追溯、可异议、可纠错原则。其二，知情同意原则。我国学术研究和实务经验均认为知情同意是一项重要的原则，而比较经验上却并没有将此作为一项原则，知情同意是否是一项基本原则具有争议性。虽然有观点认为，"知情同意"机制逐渐失灵，信息主体对个人信息并无实际的控制

---

〔1〕 杨崇蔚、廖志汉、廖志聪：《澳门个人资料保护制度》，社会科学文献出版社 2015 年版，第 130 页。

权，相关权利的行使也举步维艰。[1] 但是从规范层面而言，同意是个人信息处理的正当性基础，也是个人信息处理的一项基本原则；同意源于信息主体的自决权，源于人之人格要素的扩张，有其坚实的法理基础。信息自决权理论的上层思想是人格自由理念，人类社会发展进程一直是为了人更好地生活于世，法律的目的也是服务于人，信息立法理所应当地保护人格尊严和人格自由。信息自决权也反映了人格自由，信息承载着权利主体的人格利益，而信息被处理涉及信息主体人格利益的受限，这种受限应具有正当性，或因为公共利益之需求，或因为信息主体主动自愿接受这种不自由，而这也正是人格自由之体现，自主决定人格事项，自己承担自主决定所带来的法律效果和社会效果。在我国特殊的国情之下，知情同意有其保留的必要性。

综上所述，笔者认为，我国未来个人信息保护立法中关于信息处理基本原则的中国抉择体现在三个方面八项原则：①信息处理二阶段原则包括收集限制原则和使用限制原则，②贯穿信息处理全过程中的关涉信息本身原则包括质量保证原则、安全保障原则、目的明确原则和公开透明原则，③关涉信息主体原则包括个人参与原则、知情同意原则。

---

〔1〕 Susan Landa, "Control Use of Data to Protect Privacy", *Science Journal*, 1 (2015), 504.

第六章

公共图书馆读者个人信息保护研究

——立足《公共图书馆法》和比较法的启示

摘要：公共图书馆读者个人信息保护之必要性和重要性不言而喻。《公共图书馆法》于 2017 年 11 月 4 日通过，并于 2018 年元旦实施，这给读者个人信息保护带来了契机，我们应以此为节点，努力从内部保障和外部保障两个层面保护读者信息安全。内部层面，图书馆、图书馆馆员、图书馆协会、读者个人均应当提升读者信息保护意识，提高读者信息保护技术；外部层面，严格贯彻落实《公共图书馆法》之规定，为读者个人信息安全保障提供强有力的制度和法律屏障。

关键词：《公共图书馆法》；读者个人信息；内部保障；外部保障

一、问题的提出——公共图书馆读者个人信息保护之必要性

2017 年 11 月 4 日第十二届全国人民代表大会常务委员会第三十次会议通过《中华人民共和国公共图书馆法》（以下简称《公共图书馆法》），2018 年 1 月 1 日起施行。该法旨在通过建设公共图书馆以提高全民文化水平，提倡公共图书馆的网络化、信息化和数字化。而在数字化时代，大数据分析技术、云计算已经广泛运用，信息安全成为人们普遍关注的社会问题，公共图书馆读者个人信息保护之必要性和重要性也是不言而喻。随着科技的进步、网络的发展，信息隐私权的保护迫在眉睫，1890 年 12 月 25 日布兰代斯和沃伦在《哈佛法律评论》发表《隐私权》（The Right to Privacy）一文，标志着隐私权概念的近代思辨。[1] 该文指出，隐私权类似于名誉权、版权，但又独立于二者，它强调的是私人事务不被他人转述、评论；具体而言，隐私关涉私人生活、习惯、行为以及个人社会关系。现在布兰代斯和沃伦的隐私权理论有了新的时代生命，即信息隐私权需要侵权法和制定法更好地捍卫它、保护它。我们生活在互联数字信息的"大数据"时代，生活中，大量的数字化个人信息被持续地收集、复制、传输、储存和使用。数字化给我们带来便利的同时也给我们造成了信息泄漏的威胁。以美国为例，过去

---

[1] ［美］路易斯·D. 布兰代斯，沃伦：《隐私权》，宦盛奎译，北京大学出版社 2014 年版，第 3 页。

十年来，信息安全泄漏的数量大幅增加，数以百万美国消费者个人信息消费记录受到危害，2009 年至 2015 年，监测到的泄漏行为年增长率为 66%。据 2014 年美国司法统计局统计，1760 万人因信息泄露而遭受实际经济损失，包括直接经济损失、间接经济损失和未来损失（future loss）。[1] 直接经济损失是"犯罪嫌疑人从滥用受害人账户或个人信息中获得的财产数额，大概包括商品、服务或现金所得的数额"。间接经济损失包括失去的时间和金钱，更改账户信息以及修复个人信息被滥用所需的所有额外费用。[2] 未来损失，据称由于信息泄漏威胁、未来信息泄漏、身份盗用的风险或易受损害，从而受害人需要大幅度增加信息安全泄漏防范成本。[3] 这些问题同样存在于公共图书馆读者个人信息保护领域，读者信息遭受侵害的侵权形式包括：读者信息可能会在不知情的情况下被收集，第三方可能侵入图书馆用户数据库查看、篡改读者个人信息，图书馆可能为了某种目的而将读者信息用于未经授权的其他活动中。[4] 由此可见，读者也可能因为个人信息泄漏而遭受直接或间接经济损失乃至于未来损失并可能遭受严重的精神痛苦。如何保护公共图

　　〔1〕　Riedy M. K., Hanus B., "Yes, Your Personal Data is at Risk: Get over it", *SMU Sci. & Tech. L. Rev.*, 3（2016），8.

　　〔2〕　Erika Harrell, "Victims of Identity Theft, 2014", *Bureau of Just. Stat.*, Sept. 27（2015），6.

　　〔3〕　Rachel Yoo, "An Expected Harm Approach to Compensating Consumers for Unauthorized Information Disclosures", *Rich. J. L. & Tech.*, 19（2012），4.

　　〔4〕　赵培云：《从数字图书馆建设中读者隐私权问题看个人信息保护立法》，载《图书馆理论与实践》2009 年第 3 期，第 17 页。

书馆读者个人信息也是现下一个重要的课题。

二、公共图书馆读者个人信息保护之规范表达——来自《公共图书馆法》的启示

根据《网络安全法》第 76 条第 5 项的规定，个人信息，是指以电子或者其他方式记录的能够单独或者与其他信息结合识别自然人个人身份的各种信息，公共图书馆中读者的个人信息也是能够识别读者本人的信息。公共图书馆读者个人信息之保护需要国家层面的保护，自然人个人信息保护之一般规定体现在《民法总则》之中，2017 年 3 月通过的《民法总则》第 111 条规定，自然人的个人信息受法律保护。任何组织和个人需要获取他人个人信息的，应当依法取得并确保信息安全，不得非法收集、使用、加工、传输他人个人信息，不得非法买卖、提供或者公开他人个人信息。从该条规定可见，①立法理念上，法律保护个人信息，任何人不得非法侵害他人个人信息，否则将承担相应的民事责任，刑事责任主要规定在刑法中；②信息取得上，任何实体需要使用他人个人信息的，需要依法取得，要么是经过法律授权，要么是经过信息主体同意，法律授权往往是列举方式规定某些情形可以依法收集读者个人信息，其他情形只能经过读者同意才能收集，这是个人信息处理第一原则——个人同意原则，即处理个人信息前要征得个人信息主体的同意；③禁止规范上，任何实体不得非法收集、非法买卖、非法公开他人个人信息。

　　《公共图书馆法》是规范公共图书馆场域下读者个人信息保护的具体法律规范，从该法的部门法属性角度而言，该法属于行政法序列；从该法的立法理念和权益保障角度而言，该法旨在保障公民的文化权益；从该法将要落实的措施角度而言，该法重点在于促使政府新建向公众免费开放的公共图书馆。公共图书馆在开放的过程中不可避免地涉及读者个人信息的收集和处理问题，那么在信息时代，该如何保护读者的信息将是我们重点研究的理论和实践难题。《公共图书馆法》第 43 条规定：公共图书馆应当妥善保护读者的个人信息、借阅信息以及其他可能涉及读者隐私的信息，不得出售或者以其他方式非法向他人提供。从该法可以读出这样的立法理念和规范意旨：一是读者的个人信息和借阅信息以及其他可能涉及读者隐私的信息（为行文方便，下文统一称为读者信息）都是该法保护的范畴，任何公共图书馆都要承担这样的公共职责，积极维护读者权利，保障读者信息安全；二是规范层面，法律保护读者信息的具体措施包括，禁止出售、禁止以其他方式非法向他人提供。从哲学角度观察，这两个方面是目的和手段的统一，前者是本条的规范目的，后者是实现该目的的手段和方式。《公共图书馆法》之所以将出售和非法提供作为重点规制的对象，是因为这两种形式是侵害个人信息最重要的形式。个人信息泄露可以追踪到三个主要原因：①恶意或犯罪攻击；②系统故障或功能丧失；

③人为错误。[1] 恶意或犯罪攻击主要是黑客行为，黑客不再是一小群电脑爱好者所进行的休闲活动，其已经成为训练有素的网络犯罪分子利用数据潜在的巨大经济利益开展利润丰厚的业务。[2] 这就是第三方非法侵害读者个人信息行为，这种行为的预防不仅需要公共图书馆技术层面的保障还需要国家法律层面的保障，另外，黑客行为涉及国家网络安全，也是国家安全的重要内容之一。而人为错误主要包括非法销售和非法公开个人信息，可见，公共图书馆读者个人信息之保护主要集中于非法销售和非法公开行为，而这两个行为的主体是公共图书馆，具体而言是公共图书馆内部工作人员的行为。这样，对读者信息之保护相应地就具有了针对性和明确性。需要说明的是，《公共图书馆法》并没有规定读者信息取得事项，这是因为公共图书馆收集个人信息属于"依法取得"，该法第40条规定，国家推动公共图书馆利用数字化、网络化技术向社会公众提供便捷服务，从技术层面上，网络化服务的前提是个人信息网络服务用户协议的同意，这属于法律规定的取得读者个人信息的情形，所以该法并未也无需特别规定信息取得条款。《公共图书馆法》的制定是依据我国图书馆行业的现状，取得条款往往规定在图书馆的读者用户注册协议之中，以我国国家图书馆为例，他们

---

[1] Robert L. Rabin, "Perspectives on Privacy, Data Security and Tort Law", *DePaul L. Rev.*, 66 (2017), 314.

[2] Riedy M. K., Hanus B., "Yes, Your Personal Data is at Risk: Get over it", *SMU Sci. & Tech. L. Rev.*, 3 (2016), 15.

也积极维护读者个人信息安全，例如其在用户在线实名注册使用协议第 6 条规定了读者隐私制度及保护，该条体现了国家图书馆对读者资料保密的姿态，读者资料未经合法授权不得公开，但也规定了九种情形可以公开读者个人信息，此外还规定了特定目的下可以处理个人信息的情形，这符合目的限定原则。总体来说，这些规定都是符合个人信息处理基本原则的，但是过于原则化的协议也容易造成适用上的不便利，为此，本书有必要进一步细化这些原则。

三、公共图书馆读者个人信息保护之比较法经验——内部保障和外部保障双重体系

《公共图书馆法》给我们一些积极启示，但是具体措施的落实还需要借鉴国外优秀经验。放眼国际主要发达国家图书馆保护力度，自公共图书馆建制以来，图书馆一直以维护信息自由为己任，保护用户隐私被看作是实现知识自由传播和利用的必要条件，不仅保护图书馆的借阅记录，也保护电子书的阅读、浏览和购买记录，保护手段不仅包括内部自律行为也包括外部规范行为。[1] 内部自律行为体现在公共图书馆的自律性，是图书馆主动维护读者个人信息安全的行为，当然也包括图书馆馆员的积极维权意识和行为。外部规范行为主要体现在各国图书馆的隐私政策都体现了保护读者个人信息安全的决心和信心；

---

〔1〕 樊佳怡：《美国图书馆电子书服务隐私权问题研究》，载《图书馆》2017年第 2 期，第 62 页。

这种保护不仅体现在法律制度规范层面，也体现在技术服务层面，用一个个安全的技术措施切实维护读者的个人信息。

（一）内部保障

从内部自律行为角度而言，美国和英国公共图书馆行业自律较为严格，图书馆内部保障读者个人信息安全是图书馆服务的宗旨。[1] 图书馆馆员维权意识比较强烈，不仅维护自己的权利也积极维护所有读者的权利，特别是读者隐私权，主要是读者个人信息安全，他们温馨提醒读者及时清除自己的借阅记录，大力宣传个人信息保护，切实保护读者的个人信息安全。尤其是美国读者隐私权运动极大显示出美国图书馆馆员维护读者隐私权的意识和行动力。[2] 当然，这种维权意识有其浓厚的法律文化传统，还离不开图书馆协会的努力。[3] 这给我国公共图书馆建设的启示也是十分明显的：一方面，以后我国图书馆协会也要承担起这样的角色担当，勇于推动读者维权；另一方面，公共图书馆馆员也应该学习他国馆员先进理念，积极维护读者个人信息安全，将《公共图书馆法》第43条的规定内化于心外化于形，不出售读者个人信息，不非法向他人公开读者信息。可见，内部保障主要是围绕图书馆的内部机构和人员积极保障

---

〔1〕 柳进成：《国外图书馆读者个人信息保护研究及对我国的启示》，载《图书馆学研究》2012年第6期，第99页。

〔2〕 郑永田、莫振轩：《美国读者隐私权运动及其启示》，载《图书馆建设》2008年第9期，第95页。

〔3〕 郭华：《美国图书馆协会与读者隐私权的保护》，载《图书馆学研究》2009年第12期，第73页。

读者信息安全的体系，保障主体以图书馆为主体，还包括图书馆协会、图书馆馆员乃至于读者自己。

（二）外部保障

从外部规范行为角度而言，有学者对澳大利亚国家图书馆、新西兰国家图书馆、新加坡国家图书馆、丹麦皇家图书馆隐私政策进行分析之后发现，这些国家图书馆的读者个人信息保护或多或少涉及以下八个方面：信息收集内容、收集目的、收集方法、共享性、用户权利、儿童隐私、信息安全和免责声明。[1] 笔者择关涉读者个人信息安全内容之一二简略分析如下，读者信息安全是所有国家法律都关注的话题，具体体现在信息收集内容的完整性和信息收集目的的限定性：①信息收集内容是必须公开和透明的事项，公共图书馆也要确保收集的信息内容完整正确，即确保资料的完整性、准确性和及时更新性。[2] 具体而言，公共图书馆可以收集的信息内容包括：站点统计信息，主要是读者的 IP 地址、访问事项等；用户访问信息和用户使用情况记录等登记事项；非个人敏感信息，个人敏感信息的内涵强调信息对信息主体的私密性和敏感性，强调未经同意公开的不良影响，所以《信息安全技术公共及商用服务信息系统个人信息保护指南》（以下简称《指南》）将其定义为

---

〔1〕 付立宏、李平辉：《澳大利亚、新西兰、新加坡和丹麦国家图书馆网站隐私政策比较研究》，载《图书情报工作》2011 年第 17 期，第 78 页。

〔2〕 杨崇蔚、廖志汉、廖志聪：《澳门个人资料保护制度》，社会科学文献出版社 2015 年版，第 148 页。

"一旦遭到泄露或修改，会对标识的个人信息主体造成不良影响的个人信息"，一般而言，个人敏感信息的获取必须经过读者的同意，否则容易造成读者不良后果。首先，从信息控制力角度而言，如果个人敏感信息无需同意即可处理，容易造成信息主体无法控制其隐私被何人知晓、利用，至少会被信息收集者内部成员知悉，而这可能也非信息主体所愿。其次，从利益衡量角度而言，个人敏感信息涉及个人人格尊严和人格独立，若未经通知即可处理，则信息主体的人格将受到限制，敏感信息是否被处理的权利旁落他人，这是任何形势下经济发展所不能逾越的鸿沟，人格存在于人之处，若自然人人格交由他人掌控，则易出现人被物化之情形。②信息收集目的是目的明确原则的体现，《指南》倡导处理个人信息具有特定、明确、合理的目的，不扩大使用范围，不在个人信息主体不知情的情况下改变处理个人信息的目的。目的明确原则要求公共图书馆收集的读者信息只能服务于图书馆管理读者这个目的，如果是非法出售或者非法向他人公开，则违反此原则。日本图书馆协会也有强烈的保护读者个人信息安全的意识，他们根据个人信息保护法律和政策制定了读者隐私保护的具体措施，日本图书馆普遍使用碎纸机及时销毁含有读者个人信息的纸张，并及时删除电脑上的纪录。[1] 日本大阪市立中央图书馆是大阪府最大规模的公共图书馆，其对读者个人信息的保护体现在各个环节，以登记

---

〔1〕 郭华：《日本图书馆界保护读者隐私权的实践及启示》，载《情报理论与实践》2011 年第 9 期，第 116 页。

环节为例，图书馆在收集读者信息时遵循信息最小化原则，或称为比例原则，只收集和登记有助于联系读者的电话、住址等最低限度的个人信息，以避免读者不必要的个人信息的泄露。读者服务环节以及读者咨询环节无不体现图书馆对读者信息的保守。[1]

四、公共图书馆读者个人信息保护措施建议

国外优秀做法从内部和外部两个方面给了我们相应的启发，综合我国《公共图书馆法》和国外先进图书馆读者信息安全保障措施，新形势下，为了保护我国公共图书馆读者个人信息安全，一方面我们要学习国外的先进理念和先进经验，另一方面我们要结合我国的具体国情和实践需求，笔者建议以下两个方面的措施：一是图书馆内部保障措施，二是法律政策外部保障措施。

第一，从图书馆内部保障措施角度而言，①意识层面，公共图书馆作为公共组织，作为社会主义文化建设不可缺失的重要一环，应当主动担负起保障读者个人信息安全的重任，读者信息安全不仅关涉读者本人的精神利益和物质利益，还关涉整个国家的信息安全、网络安全，意义重大。②技术层面，公共图书馆应当制定科学的管理制度，积极采取措施防止读者个人信息泄漏，例如定期删除读者登记记录，图书馆监控范围不宜

〔1〕 卢丹：《大阪市立中央图书馆读者隐私保护探析》，载《图书馆建设》2009年第7期，第81页。

过大等措施，稳妥销毁关于读者信息的纸质文件，当图书馆不再需要用户信息时应及时删除相关个人信息，从而更好地防止用户信息的泄露。[1] 此外，大数据时代，云计算盛行，对于读者信息安全保护，公共图书馆可以采取云计算技术。[2] 但是云计算也存在安全风险，主要涉及图书馆读者个人信息的真实性、保密性与可用性等方面。[3] 为了应对这样的风险，云计算的使用需要更为高效的行政管理协助，一方面需要加强对云服务的行政监督管理，另一方面需要建立隐私安全标准和行为指南。[4] ③协会层面，公共图书馆应团结一致，众志成城，在图书馆协会的组织和领导下，努力做好本职工作，图书馆协会不仅需要承担起保障图书馆馆员权益的责任，也要承担起保障读者个人信息安全的责任。④责任到人，图书馆始终是一个组织，组织是没有人类意识的，信息安全保障意识最终还是要落实到一个个负责任的馆员身上，馆员应当不负众望，恪守忠诚，增加自身维权意识，不出售不公开读者个人信息，温馨提醒读者及时清除自己的借阅记录，努力做一个捍卫读者信息安全的斗士。当然，馆员意识的提高一方面依赖于馆员自身的努力，另

---

〔1〕 付立宏、李灵慧：《中美两国图书馆网站隐私政策比较研究》，载《图书馆学研究》2011 年第 13 期，第 7 页。

〔2〕 马晓亭：《大数据时代基于服务等级协议的图书馆读者隐私感知与研究保护》，载《情报理论与实践》2014 年第 4 期，第 59 页。

〔3〕 李仪、孙佳：《云时代下读者个人信息的安全风险及治理对策》，载《图书馆》2017 年第 2 期，第 86 页。

〔4〕 祖红波：《云计算环境中图书馆读者的个人信息保护初探》，载《图书馆工作与研究》2014 年第 10 期，第 49 页。

一方面还有赖于图书馆的培养，公共图书馆有必要对馆员进行信息素养教育以完善馆内信息安全管理。[1] ⑤读者环节，读者是读者个人信息的信息主体，从逻辑上，读者环节不属于图书馆内部保障的一环，但为了行文完整，特将此环节加入内部措施。读者应当提高自我信息安全防护意识，努力学习公共图书馆隐私政策，慎重填写个人信息以防不测，及时修改自己的密码，重视自我信息被侵害的救济等。[2]

第二，从法律政策外部保障措施角度而言，积极落实《公共图书馆法》之要求，①以该法为依据，重点考核每一个公共图书馆在保护读者个人信息方面所做的工作是否到位，是否存在安全隐患，是否能够真正保护读者的个人信息安全。②公共图书馆建设细则中可以详细列明公共图书馆对于个人信息保护的相关政策，从国际经验来看，以下八个方面的内容可以说是必备条款，信息收集内容、收集目的、收集方法、共享性、用户权利、儿童隐私、信息安全和免责声明。其中信息收集内容和收集目的是必须要详细向读者说明的，这是个人信息处理知情同意之要求，公共图书馆只有目的明确、内容清晰完整，读者才会放心地同意自己的个人信息被收集。此外，为了信息安全起见，尽量少的收集读者信息，以避免信息泄漏造成严重损

---

〔1〕　张娟、李仪：《云计算下图书馆读者个人信息的安全风险及应对》，载《情报理论与实践》2017 年第 5 期，第 39 页。

〔2〕　易斌、方锦平、陈淑文：《图书馆读者隐私的自我保护问题及对策探究》，载《图书馆学研究》2012 年第 9 期，第 94 页。

害。这是信息处理中目的明确原则、最少够用原则、公开告知原则、个人同意原则、安全保障原则的要求，该些原则是《指南》4.2 条规定的原则。③严格执法，严厉打击出售读者信息和以非法方式向他人提供个人信息的行为，无论是个人还是公共图书馆组织，只要涉嫌违法，均应当严惩不贷：对涉嫌刑事犯罪的，应当追究个人乃至于组织责任；对涉及行政违法的，按照行政法之规定，处罚相关责任人；对造成读者精神损害和物质损害的，依法承担侵权责任。

第七章
人工智能法律人格质疑

摘要：人工智能的发展对法律提出了挑战，但法律是否需要变革，立法是否需要赋予人工智能法律人格，是存有异议的。一种开放前卫的理念认为法律应当赋予人工智能法律人格，使其拥有权利能力，享有权利、承担义务，而其论证理据在于类比法人人格化路径；另一种保守审慎的观点认为法律应当否定人工智能法律人格，认可开发者对人工智能的所有权。后一种观点较为可取，人工智能的自主意志尚未成熟、人工智能的利益享有有待深究，法律强行使其具有人格、拥有权利，略显操之过急。

关键词：人工智能；法律人格；否定论

一、问题的提出

当今世界，科技发展突飞猛进，人们享受着科技带来的便利的同时，也遭遇着科技带来的挑战，人工智能也是如此。人工智能（Artificial Intelligence），英文缩写为 AI，它是研究、开发用于模拟、延伸和扩展人的智能的理论、方法、技术及应用系统的一门新的技术科学。[1] 面对人工智能，有人欢喜，有人忧，担忧者如比尔·盖茨认为，人类应该警惕人工智能的崛起，霍金更是直接认为人工智能可能会导致人类的灭亡；从容者如微软研发部门总经理埃里克·霍维茨认为世界末日的场景纯属"科幻"。近年来，人工智能的发展不仅体现在技术层面，也体现在法律层面。2017 年 10 月，沙特主权财富基金（Public Investment Fund）举办的未来投资计划（Future Investment Initiative）上，"女性"类人机器人索菲亚（Sophia）被授予沙特国籍。这引起了全球各国的普遍关注，通过人工智能产生的机器人主体地位终于获得了人类的认可。一时间人们奔走相告，人工智能似乎迎来了春天，人工智能是时候受到法律的特殊关照，他们欢欣鼓舞直呼应当赋予人工智能法律人格："人工智能具有独立自主的行为能力，有资格享有法律权利并承担责任义务，

---

〔1〕 "人工智能"，载百度百科，https：//baike. baidu. com/item/人工智能/9180? fr=aladdin，访问时间：2017 年 11 月 13 日。

人工智能应当具有法律人格"。[1] 无可否认，人工智能的发展给科技进步、人类生活带来了重大利好，但立法上是否有必要将机器人拟制为人，是否需要赋予人工智能民事主体地位，并非毫无异议。就目前法学学术界对于人工智能的研究范围来看，较多的关注集中在人工智能创造物的知识产权归属问题，[2] 而对人工智能的民事主体地位的研究不甚深入，[3] 有待于进一步探讨；比较两者关系某种程度上可以说，知识产权的归属问题必须要建立在人工智能民事主体地位问题之上，如果人工智能主体化得以证成，那么知识产权归属问题也就不证自明。不可否认，科技的发展对法律制度变革提出了挑战，但法律以其抽象性而具有相对稳定性，法律的变革需要以相关领域技术水平日臻成熟为风向标；而今人工智能技术是否足够成熟以达到法律变革不得不为之的地步？目前，关于人工智能的研究至少有四点是存有疑问的：①人工智能的意向性问题，人工智能如何意向性，何以意向性？②人工智能概念框架包括哪些元素？

---

〔1〕　袁曾：《人工智能有限法律人格审视》，载《东方法学》2017 年第 5 期，第 50 页。

〔2〕　吴汉东：《人工智能时代的制度安排与法律规则》，载《法律科学》2017 年第 5 期，第 131 页。易继明：《人工智能创造物是作品吗?》，载《法律科学》2017 年第 5 期，第 137 页。王迁：《论人工智能生成的内容在著作权法上的定性》，载《法律科学》2017 年第 5 期，第 148 页。梁志文：《论人工智能创造物的法律保护》，载《法律科学》2017 年第 5 期，第 161 页。熊琦：《人工智能生成内容的著作权认定》，载《知识产权》2017 年第 3 期，第 3 页。

〔3〕　袁曾：《人工智能有限法律人格审视》，载《东方法学》2017 年第 5 期，第 50 页。

民法前沿问题研究

③人工智能在语言意义上如何适应不同的语境？④人工智能日常化认识何以可能？[1] 这些问题还未得到根本解决，此外，索菲亚只是类人机器人，"类人"的意思仅仅是和人类有相似之处，但不能忽视类人和人类的本质区别，人的特别之处在于他有观念构造的演化，只要人工智能没有出现这个层面的演化，人就和机器有着根本的区别。[2] 那么，面临这些技术性难题，法律上，人工智能是否真的需要被赋予法律人格？

二、人工智能法律人格之争

人工智能欲进入法律调整的视野特别是进入民法调整对象的视野，就需要成为法律上的"人"，因为民法的调整对象是"人之间的关系"。[3] "人"是指所有具有人格，能够享有主观权利和承担民事义务的存在体，"人"是"主观权利的主体"、"权利主体"或者"义务主体"。[4] 民法上之"人"意即享有法律人格之存在体。法律人格是民事权利能力的简称，又可简称为人格，是充当民事主体，享有民事权利与承担民事义务的资格。[5]《民法总则》上规定的民事主体主要有自然人、法人、

〔1〕 高良、朱亚宗：《关于人工智能的形而上学批判》，载《湖南社会科学》2017 年第 3 期，第 40 页。

〔2〕 丁三东：《重审这个问题：人是机器？》，载《西南民族大学学报（人文社会科学版）》2017 年第 10 期，第 73 页。

〔3〕 徐国栋：《民法哲学》，中国法制出版社 2015 年版，第 92 页。

〔4〕 张民安：《法国民法》，清华大学出版社 2015 年版，第 129 页。

〔5〕 谭启平主编：《中国民法学》，法律出版社 2015 年版，第 62 页。

122

非法人组织，法人和非法人组织的共同点在于本质上都是人的组织体。享有法律人格者即可以享有权利，从本质上说，主观权利兼有多层次的法律效力，既包括民事主体的意志，也包括民事主体的利益，将两者结合起来，权利可定义为维护特定利益之意志支配力。[1] 人工智能是否应当赋予其法律人格，就需要逐一考察人工智能是否具备了"人"的要素，是否有必要承载"人格"、"权利能力"、"民事主体"和"权利主体"，而对于这个问题目前是存在争议的。人工智能是否应当赋予其法律人格，理论上存在正反两种截然相对的观点。[2] 一种观点认为人工智能不可成为权利主体，享有法律人格，其理论依据在于：①赋予人工智能权利能力、法律人格毫无权利保护意义；②生活经验上人工智能无法行使权利；③从法律关系角度而言，法律调整的关系是人与人之间的关系而非人与机器之间的关系；④人工智能的所有者为自然人，人工智能可视为代表所有者的意志创作，人工智能的创造物理所当然地属于人所有。可见，反对人工智能拥有法律人格的观点是一种较为保守的观点，主要从传统民法法律关系的角度证否人工智能人格化，从法律关系双方当事人主体角度而言，机器人本质上还是机器，不满足主体是人的要件；从权利能力赋予的意义角度而言，人工智能没有权利保护的意义；从权利行使的角度而言，人工智能无法

---

〔1〕　朱庆育：《民法总论》，北京大学出版社 2013 年版，第 489 页。

〔2〕　梁志文：《论人工智能创造物的法律保护》，载《法律科学》2017 年第 5 期，第 161 页。

行使权利。另一种观点认为人工智能应当成为权利主体，享有法律人格，其理论依据在于：①既然法人被赋予法律人格，人工智能为何不可以？②赋予人工智能法律人格可以为人类利用人工智能创造能力提供新的激励手段。③技术层面，人工智能创造物不同于人工智能辅助人类创造物，两者的不同之处在于前者属于自主创造，后者属于辅助创造，人类对人工智能创造物的制作过程中的影响远远低于后者。对于人工智能创造物而言，人对该物并没有做出实质性贡献，而是人工智能做出了实质性贡献。主张人工智能法律人格的学者最为核心的理由在于通过类比法人制度证成立法应当赋予人工智能权利能力；从法律效果角度而言，赋予人工智能权利能力可以产生有效激励机制。

三、人工智能法律人格之否定

笔者认为，人工智能法律人格存在异议，人工智能不能类比于法人，其法律人格激励作用甚微，当下宜否定其法律人格。

（一）人工智能不能类比于法人

人工智能不同于法人，不能以法人主体资格类比得出人工智能也应主体化的结论。其一，从本质上说，人工智能与法人根本就是风马牛不相及。法人本质上是一个组织，尽管学说上存在法律拟制说和法人实在说之分，但组织体说取代拟制说之地位而成为现今之通说。[1] 法人拟制说将法人拟制为人，仅符

---

〔1〕 梁慧星：《民法总论》，法律出版社 2011 年版，第 120 页。

合十六七世纪时注释法学派理论，而今法人实在说占据上风，该说又区分为法人有机体说和法人组织体说，前者强调法人具有团体意思，后者认为法人是法律上的组织体。关于法人本质，这些学说都是建立在法人是一个组织这样的社会存在之上，我国《民法总则》上的非法人组织也是建立在这样的社会存在之上。比较法人和人工智能的本质，人工智能本质上仅仅是计算机程序，是一种较为智能的程序，与一般程序并无本质区分；人工智能是人创造的，而无需人的组织，强人工智能的创造行为更是无需人类的组织或者控制。其二，从法律主体的地位上说，法律主体是一种享有权利承担义务的资格主体。法人可以其全部资产独立存在，而人工智能却无法独立享有权利、承担义务。法人承担义务是以其全部资产对外负责，而其财产主要来源于股东，这是实践发展对股东有限责任规则之需求。而人工智能如何履行义务、承担责任，如果类似于法人，为人工智能设立管理人，那么人工智能独立资产从何处来；如果资产来源于管理人，那么受益人为谁；如果受益人为人工智能，显然无实际意义；如果受益人为管理人，那么法律为何强行在管理人出资和收益之间横亘一个毫无法律人格意义的人工智能，这只能是徒添立法上之浪费。此外，从权利享有角度而言，人工智能成为法律主体该享有哪些权利？人工智能享有这些权利有何意义？作为主体的人工智能是否可以被管理人任意性毁灭？抑或人工智能均须登记，人工智能的毁灭也需要登记？这一系列问题是人工智能人格化所未解决的问题，贸然赋予其民事主体地位有失妥当。而法人作为一个组织体享有的财产权是有其经济和社会意义的，其弥补了个人从事经济活动所不能的一些缺陷，这也是其作为法律主体的价值所在。

（二）人工智能法律人格激励作用微弱

对开发者而言，人工智能法律人格的激励作用略显微弱；而人工智能为开发者所有，两者形成所有权关系，对人类利用人工智能创造能力更有激励作用。从激励动力来源角度而言，物质激励和精神激励是两种基础的激励来源，而物质激励相对更容易量化。从物质激励角度而言，认可开发者对人工智能拥有所有权、认可开发者对人工智能创造物拥有所有权是对开发者最好的激励。其一，所有权是最完整的物权，是最为典型的绝对权，开发者可以对人工智能占有、使用、收益、处分，其完整性超越其他任何一种形式的非所有权财产权利类型。其二，所有权保护模式下可以激励开发者积极开发人工智能、积极利用人工智能创造，从法律效果角度而言，开发者能够清晰预测到自己的开发、利用行为将使自己享受人工智能带来的完整利益而无需考虑管理限制、利用限制、处分限制等，这种激励手段是对开发者最好的手段；而赋予人工智能法律人格将限制开发者权利，又为何强行赋予人工智能法律人格。其三，所有权保护模式是一种财产规则保护模式，财产规则（property rules），是相对人对权利人财产侵害前必须明确征得权利人的同意，相对人必须与权利人协商谈判并向其支付商定的对价，才能对该权利予以支配。[1] 在人工智能开发者权利保护模式中，财产规则的优势在于，其规定了事前违约成本。[2] 这使得开发者的主动性增强，更能激励开发者积极开发人工智能的创造能力。

（三）人工智能所有权保护模式

通过类比于法人制度，人工智能法律人格之路是行不通的，强调法律人格的激励机制也是不切实际的。人工智能需要保护，人工智能技术需要保护，人工智能创造物也需要保护，但这些保护都应当集中于民事主体的"人"身上，包括自然人和法人。现行法律目前还可以有效应付人工智能发展对法律的挑战，从权利归属和权利享有的角度而言，人工智能及其创造物的所有者应是人工智能开发者，法律无需强行赋予人工智能法律人格。其一，人工智能本质上仅是一种计算机程序，其无法享有权利，即使法律强行赋予其权利，也毫无实际意义。权利本质上是为人服务，法人的设立也是为人服务，如果人工智能具有法律人格，享有权利，权利本质的两个方面是意志和利益，那么权利带来的利益如何落实到人工智能本身，人工智能又是如何自我意志与这个世界交流沟通乃至于交易？如果采用人工智能管理人路径保护人工智能，势必会限制开发者权利，而且也并不能为人工智能带来某种利益，这种制度设计显然并非合适。其二，

〔1〕　Guido Calabresi, A. Douglas Melamed, "Property Rules, Liability Rules, and Inalienability: One View of the Cathedral", *Harvard Law Review*, 1972, 1090.

〔2〕　Paul M. Schwartz, "Beyond Lessig's Code for Internet Privacy: Cyberspace Filteres, Privacy Control, and Fare Information Practices", *Wis. L. Rev.*, 2000, 750.

赋予人工智能法律人格是为了保护谁的权利？是人工智能本身的权利还是开发者的权利？保护人工智能本身的权利毫无实际意义，而保护开发者的权利又为何设置一个中间障碍限制开发者权利？从权利保护的财产规则角度而言，财产规则是对开发者最好的保护规则。从前文可知，财产规则侧重于对权利人权利侵害的事前预防，其体现的是预防性思维，对人工智能的开发者而言，预防权利受侵害是对其最好的保护，而不是通过侵权责任规则。其三，民事关系是民事法律关系，是一种社会关系，本质上是人类生存中的社会关系，主要是社会成员之间的关系。[1] 无论是自然人还是拟制的法人，都是围绕人之关系而设立规范制度，如果人工智能具有独立人格，则人工智能将进入民法调整对象范畴，人与人工智能权利能力平等，人与人工智能之间形成了平等的民事法律关系，这是不可想象的，人类社会发展至今，即使我们高度承认某些动物的智商，即使生物学界、伦理学界一再宣扬动物权利理论，即使法学上我们一直主张善待动物，但法律制度上我们仍然无法赋予动物以人的权利、人格、权利能力，因为法律是人的法律，是调整人与人之间关系的法律，如果脱离了人而成为独立的民事主体，则法律上的主体范围将会被无限扩大，动物也将可能成为民事主体，具有法律人格。其四，至于是否需要为了更高利益，如人类受众利益，[2] 而适当限制开发

---

〔1〕 李锡鹤：《民法原理论稿》，法律出版社 2012 年版，第 132 页。
〔2〕 梁志文：《论人工智能创造物的法律保护》，载《法律科学》2017 年第 5 期，第 156 页。

者的权利，那是立法者利益衡量之事，知识产权法上只需要增加一条，为了全人类共同的利益（公共利益），人工智能对创造物做出了实质性贡献的作品著作权不属于开发者所有，而属于全人类共有，此处的利益衡量双方当事人是开发者和全人类，并非开发者和人工智能，权利享有也与人工智能无关，这仍然是一种法律关系思维，法律关系的当事人是人与人。总结而言，对人工智能的保护主要有两种路径：一种是现在有学者主张的法律人格路径，赋予人工智能独立的法律人格，使其具备民事权利能力，享有权利、承担义务，这种路径的理念是一种开放、包容的理念；还有一种是本文主张的路径，否定人工智能的法律人格，将人工智能认定为开发者的财产，采用财产规则对其予以保护。相比较而言，后一种保护模式对人工智能的发展并没有限制，而是更为有效地激励开发者开发人工智能的创造力。

四、结论

在人工智能科技发展还未完全成熟的现下，法律应当秉持审慎态度，暂时否定人工智能的法律人格。类比于《民法总则》关于民事主体规定之自然人和法人，人工智能与二者并无实质相似性。机器人不是具有生命的自然人，也区别于具有自己独立意志并作为自然人集合体的法人，将其作为拟制之人以享有法律主体资格，在法理上尚有斟酌之处。[1] 而关于人工智能法

---

[1] 吴汉东：《人工智能时代的制度安排与法律规则》，载《法律科学》2017年第5期，第131页。

律人格的激励作用，赋予人工智能法律人格并不能最优化激励技术发展与进步。语境、语言、推理被并列为人工智能面临的三大挑战，这三方面涉及语词多义等具体技术问题。[1] 现今，人工智能是否真的能够具有独立自主意识还有待于技术进一步提升，强人工智能是有可能制造出真正能推理和解决问题的智能机器人，并且有知觉、有自我意识的，但目前强人工智能技术发展尚未成熟，科学研究裹足不前，Sophia 的设计者都表示它还不能自主思维。科技尚且如此，法律何需如此开放？强行赋予人工智能法律人格对开发者而言限制了其实质财产权利，对人工智能而言有何实质法律意义，对法律而言徒添立法者立法困惑，对法学而言将打破现行民事主体理论体系。法律与科技密不可分，科技的发展推动法律的变革，但现下科技而未完全成熟的情形下，法律的变革稍显操之过急。法律是开放的，也是保守的，在无需打破现有法律体系和法律传统的情形下，立法为何强行为之，待日后强人工智能技术纯熟，法律再做出应有的回应也未尝不可；到那时，立法是否需要赋予人工智能法律主体地位也并非确定无疑；不过可以猜测的是，即使赋予人工智能法律地位也并非依赖于类比法人人格化路径。

---

〔1〕 查非、任晓明：《人工智能和哲学逻辑视野中的局部语义》，载《自然辩证法研究》2017 年第 10 期，第 10 页。

第八章

"共同实施侵权行为"解释论

摘要: 共同实施侵权行为之所以让行为人承担连带责任,其实质在于,一个行为人不仅认识到或可预见到自己主观的故意、自己行为产生的损害后果,而且还明知共同行为中他人的主观故意、他人行为产生的损害后果;而在所谓的共同过失理论中,部分行为人显然无法明知或预见到其他人的主观、其他人行为产生的损害后果。共同实施侵权行为的骨髓即在于共同故意侵权。

关键词: 共同实施侵权行为;主观故意说;共同过失;共同故意

共同侵权行为之所以承担连带责任是因为,行为人"不仅能够预见自己还能预见其他共同侵权行为人的行为可能产生的损害后果，主观上有更大的可责难性"。[1] 共同侵权行为作为一种特殊的侵权行为，其成立要件的不同决定了对受害人与加害人利益的不同侧重。理论界和实务界对共同侵权的主观要件投入了过多的关注目光。共同侵权责任因共同侵权行为而生，为了平衡行为人行为自由和受害人法益保护，法律需要谨慎，侵权法既是权利保护法也是行为自由维护法，如何实现两者平衡，就体现了侵权法的艺术。宽松的构成要件对保护受害人比较有利，严格的构成要件可能不利于保护受害人。[2]

一、"共同实施侵权行为"之性质之辨

理论界对于共同实施侵权行为性质的判断存在一定的分歧，主要有三种学说：主观说、客观说和折中说。

（一）主观说

这种学说依据数个行为人主观特征确定行为人之间是否构成共同侵权，又区分为：意思联络说（也称共同故意说）、共同过错说和共同认识说。意思联络说主张：共同侵权需要意思上的联络，所谓意思上的联络是指数个行为人对加害行为存在"必要的共谋"，如实现策划、分工等。[3] "意思联络更有利于

---

〔1〕 谭启平主编：《中国民法学》，法律出版社2015年版，第677页。本部分由侯国跃教授执笔。

〔2〕 程啸：《论意思联络作为共同侵权行为构成要件的意义》，载《法学家》2003年第4期，第98页。

〔3〕 张新宝：《侵权责任法》，中国人民大学出版社2010年版，第49页。

保护受害人，因为通过确定共同行为人之间的意思联络，有助于减轻受害人对因果关系的举证责任。"[1] 共同过错说认为：共同过错的本质特征在于数人致人损害，其主观上具有共同的过错。没有共同过错，数人的行为不可能联结成一个整体，也不能使数人致人损害的行为人负连带责任。[2] 共同认识说是与共同过错说相类似的一种学说，有的学者主张数人之间虽并不必须有意思联络，但只要数个加害人对损害结果的发生有共同认识亦可成立共同侵权行为，也有学者认为只要各行为主体对造成损害的行为群或者说整体的侵害活动具有共同的认识即可构成共同侵权行为。[3]

（二）客观说

客观说根据行为人之间行为的关联确定共同侵权行为。客观说又可以区分为：关联共同说和共同行为说。关联共同说认为：即使多数侵权人之间没有意思上的联络，其共同行为相互关联造成损害的，也为共同侵权行为。[4] 有的学者认为，民法上之共同侵权行为与刑法上之共犯不同，尚各自之行为，客观

---

〔1〕 王利明：《侵权责任法研究（上）》，中国人民大学出版社 2011 年版，第493 页。

〔2〕 参见佟柔主编：《〈民法原理〉（修订本）》，第 227 页，转引自王利明：《侵权责任法研究（上）》，中国人民大学出版社 2011 年版，第 483 页。

〔3〕 沈幼伦：《试论共同侵权行为的特征》，载《法学》1987 年第 1 期。转引自张铁薇：《共同侵权行为本质论》，载《求是学刊》2006 年第 2 期，第 97 页。

〔4〕 张新宝：《侵权责任法》，中国人民大学出版社 2010 年版，第 49 页。

上有关联共同，即为足矣。[1] 共同行为说认为：共同行为是共同加害人承担连带责任的基础，共同加害结果的发生，总是同共同加害行为紧密联系，不可分割。[2] 这种观点强调"加害人的违法行为产生同一损害"[3]。我国的客观说在某种程度上借鉴了日本的客观说理论。日本的客观共同说进一步可分为"以前的学说"和"近期的学说"。"以前的学说"认为：各人的行为与直接的加害行为之间有因果关系，若能被认定具有共同性，通过共同行为这一中间项，可以说与损害的发生之间就存在因果关系。依该学说，即使无法证明各行为人的行为与受害人的全部损害之间有通常意义上的相关因果关系时，若甲和乙的行为被认定属于客观上的关联共同行为，并且若能认定该共同行为与损害之间存在相当因果关系，甲和乙对受害人的全部损害负有赔偿责任。[4] 后来，该学说受到了一些批判，包括内部分裂出去的"近期的客观共同说"。近期的客观共同说并用主观的共同和客观的共同。该学说区分共同侵权行为的关联共同性的强弱，形成"强关联共同性"和"弱关联共同性"。前者也可以说成是紧密的关联共同性，被解释为"一般社会的整体认知

---

〔1〕 土胜明主编：《中华人民共和国侵权责任法释义》，法律出版社 2013 年版，第 62 页。

〔2〕 杨立新：《侵权法论》，人民法院出版社 2011 年版，第 709 页。

〔3〕 王利明：《侵权责任法研究（上）》，中国人民大学出版社 2011 年版，第 483 页。

〔4〕 ［日］田山辉明：《日本侵权行为法》，顾祝轩、丁相顺译，北京大学出版社 2011 年版，第 159 页。

程度是共同行为人各自承担连带的损害赔偿义务比较妥当"。后者被解释为参与了加害行为的一部分。[1] "关联共同性的基本观点在于加害行为是否可以看做一个整体。只要存在这种一体性的话，满足最小限度的关联共同性即可。应该认可被告一方减免责任的主张。除了以上基础性的共同性以外，如果还存在其他增强共同性的要素的话，关联共同性就变得更为坚固了（较强关联共同性），此时就不认可被告一方减免责任的主张。日本的判例站在客观说的立场上。"[2]

吉村良一教授认为：对于故意过失要件，为了可以称得上共同行为，不必存在共谋或者意思，只要存在客观上的关联共同性即可，所以行为人不一定都是故意，即便是故意和过失，或者共同过失也符合共同侵权行为的要件。[3]

王利明教授对客观说作了批驳："尽管随着危险责任的发展以及对受害人救济的强化，出现了这样一种趋势，即淡化行为人的主观过失而重视行为人行为的客观关联性，但是笔者认为，这不能成为放弃共同侵权行为主观要件的理由，从这个意义上说，共同侵权仍然属于一般侵权即过错责任的范畴。"[4] 这种

---

〔1〕〔日〕田山辉明：《日本侵权行为法》，顾祝轩、丁相顺译，北京大学出版社 2011 年版，第 162 页。

〔2〕〔日〕吉村良一：《日本侵权行为法》，张挺译，中国人民大学出版社 2013 年版，第 179、184 页。

〔3〕〔日〕吉村良一：《日本侵权行为法》，张挺译，中国人民大学出版社 2013 年版，第 177 页。

〔4〕 王利明：《侵权责任法研究（上）》，中国人民大学出版社 2011 年版，第 483 页。

见解殊值赞同。

（三）折中说

折中说认为，判断数个加害人的侵害行为是否具有共同性，或者说是否构成共同侵权行为，应从主观和客观两个方面来分析，单纯的主观说或客观说都不足采，正确的理论应当是把握加害人与受害人之间的利益平衡，而不可偏执于一端。在共同侵权行为的构成要件上既要考虑各行为人的主观方面，也要考虑各行为人行为之间的客观联系。[1] 杨立新教授认为："《侵权责任法》第8条写得不够明确恰好是它所要表达的内容，即共同侵权行为既包括主观的共同侵权行为也包括客观的共同侵权行为。共同侵权行为是指二个以上的行为人基于主观的关联共同或者客观的关联共同，侵害共同实施他人民事权益造成损害，依法应当承担连带责任的侵权行为。"[2] 折中说的观点有以下三点：①共同故意与共同行为相折中。包括共同侵权行为中的共同故意和损害结构的共同客观且不可分。②共同过错与结果共同相折中。包括共同过错和偶合导致损害后果发生的情形。③主观过错与客观行为相折中。包括主观方面加害人故意或过失和客观方面加害人行为具有关联性，构成一个统一的不可分割的整体，而且都是损害发生的不可或缺的共同原因。[3]

---

〔1〕 王利明：《侵权责任法研究（上）》，中国人民大学出版社2011年版，第484页。

〔2〕 杨立新：《侵权法论》，人民法院出版社2011年版，第704页。

〔3〕 张铁薇：《共同侵权制度研究》，人民法院出版社2013年版，第115页。

（四）兼指说

兼指说对于共同加害行为中的共同要件采取广义解释，只要主观上共同了就不再考虑客观上的行为，只要客观上行为共同则不再考虑主观心态，既包括主观共同也包括客观共同。[1] 所以，杨会博士认为：共同侵权行为是指数个侵权行为人基于意思联络实施的数个侵权行为和数个侵权行为人实施的统一侵权行为。展开来说就是，数个侵权行为人基于意思联络实施的侵犯他人合法权益的数个侵权行为和数个侵权行为人实施的侵犯他人合法权益的同一侵权行为。[2] 关于意思联络的共同侵权与传统的共同故意侵权理论一致，具有创新性的是"同一侵权行为"也构成共同侵权。所谓同一侵权行为，是指虽然行为是由数个侵权行为人共同实施的，但是在侵权行为的数量上只有一个，这就是数个侵权行为人实施同一侵权行为。同一是一种客观描述，而非主观认定。[3] 杨会博士更加自信地认为："共同侵权行为是数个侵权行为人共同实施的侵权行为，而同时实施正是共同实施的一种，并且从时空的角度来说是最典型的一种；因此，同一侵权行为属于数个侵权行为人共同实施的侵权行为。和其他共同侵权行为相比，'同一'更能体现共同侵权行为的'共同'；毫不夸张地说，它是最纯正的、最原始的、最正

---

[1] 杨会：《数人侵权责任研究》，北京大学出版社 2014 年版，第 38 页。

[2] 杨会：《数人侵权责任研究》，北京大学出版社 2014 年版，第 38 页。

[3] 杨会：《数人侵权责任研究》，北京大学出版社 2014 年版，第 41 页。

宗的共同侵权行为。"[1]

在侵权责任法的规定之下，应首先肯定客观说以及包含有客观说因素的学说皆与第 8 条相悖。侵权责任法第 8 条将"共同侵权"改为"共同实施"，明显从立法上对共同加害行为作了一定限制。应认为客观说已被排除在外。目前对于侵权责任法第 8 条规范范围的学说争论，主要体现为共同故意说与共同过错说之争，核心在于是否认可共同过失的存在。[2]

二、"共同实施侵权行为" 之共同过失

王利明教授认为，共同过错的内容为："一方面，行为人都认识到了行为结果的发生，即使在过失的情况下，也可以预见行为结果的发生。因此，无论数个行为人都是过失，还是一方为故意另一方为过失，都可以构成共同侵权。另一方面，行为人必须有共同的行为指向。这就是说，其对已经预见到的加害后果进行追求或者放任其发生。如果不考虑主观的过错而确定共同侵权，必然会过分加重侵权人的责任。"[3] 按照王利明教授的观点，共同侵权因主观的不同可分为：共同故意侵权、共同过失侵权、过失与故意结合侵权。这种观点某种程度上借鉴

---

〔1〕 杨会：《数人侵权责任研究》，北京大学出版社 2014 年版，第 60 页。

〔2〕 曹险峰：《数人侵权的体系构成——对侵权责任法第 8 条至第 12 条的解释》，载《法学研究》2011 年第 5 期，第 57 页。

〔3〕 王利明：《侵权责任法研究（上）》，中国人民大学出版社 2011 年版，第487 页。

了日本的主观共同说，该学说主张应基于共谋等其他主观的关联共同来说明共同侵权。其他的主观关联共同包括"有意利用他人的行为、容许自己的行为被他人利用的意思"。于是，主观的关联共同性存在三种类型：具有故意的共同侵权行为，具有过失的共同侵权行为，一方以侵害权利为目的的片面的共同侵权行为。[1] 全国人大常委会法制工作委员会民法室编写的《中华人民共和国侵权责任法条文说明、立法理由及相关规定》中也认为，"共同"主要包括三层含义：①共同故意，②共同过失，③故意行为与过失行为相结合。[2]

（一）"共同过失"案例

案例一：原告购买甲公司生产的不锈钢淋浴器，同时安装乙公司产生的漏电保护器。某晚，原告之妻洗澡时被电击死亡。经查明：淋浴器接地线接地不良，电热管绝缘不好，使外壳带电，该产品安全性能不符合要求；漏电保护器脱扣线圈已严重烧坏，线圈回路中可控硅及二极管被击穿，导致漏电保护器失效，该漏电保护器质量有问题。

案例二：甲旅行社的导游坚持带游客冒险进入林区，林业公司管理不善造成马尾松折断伤人，事件发生后林业公司未尽救助义务导致张某死亡。

---

〔1〕〔日〕田山辉明：《日本侵权行为法》，顾祝轩、丁相顺译，北京大学出版社2011年版，第163页。

〔2〕全国人大常委会法制工作委员会民法室编：《中华人民共和国侵权责任法条文说明、立法理由及相关规定》，北京大学出版社2010年版，第35页。

案例一的审理法院认为：这两件产品均不合格才导致了原告之妻在洗澡时被电击死亡，如果有一件产品合格都不会发生原告妻子死亡的损害后果。这就是数个行为密切结合共同导致损害发生。"于此情形，虽系缺陷产品原因力之直接结合发生损害结果，通常属于累积的因果关系，但依反向推理，甲、乙两种产品任一发挥正常安全功能，损害结果即足以完全避免。据此，可以认定甲、乙存在等价因果关系。"对于这种情形的等价因果关系，司法实践中肯定合理的推定方法，即根据日常生活经验，推定每个侵权人的行为足以造成损害后果的发生。这样做的出发点就是为保护受害人的利益，缓和受害人的举证困难，实务上应尽量采用合理的推定、推理方法，客观认定等价因果关系，确保本条规定充分发挥其功能作用。[1]

案例二的审理法院认为：甲旅行社的导游坚持带游客冒险进入林区，林业公司管理不善造成马尾松折断伤人，事件发生后林业公司未尽救助义务均是导致张某死亡后果发生的原因。其中，导游的错误行为是导致事件发生的次要原因，原因力酌定为20%；林业公司管理不善致使马尾松折断以及事后救助不力的行为是导致事故发生的主要原因，原因力酌定为80%。此案即适用了共同因果关系侵权理论，《侵权责任法》第12条之规定。

---

〔1〕 陈现杰主编：《中华人民共和国侵权责任法条文精义与案例解析》，中国法制出版社2010年版，第40页。

(二)"共同过失"司法经验之一

《最高人民法院关于审理人身损害赔偿案件适用法律若干问题的解释》第3条第1款规定：二人以上共同故意或者共同过失致人损害，或者虽无共同故意、共同过失，但其侵害行为直接结合发生同一损害后果的，构成共同侵权，应当依照民法通则第一百三十条规定承担连带责任。

最高人民法院的司法经验之一就是："共同故意"、"共同过失"和"侵害行为直接结合"都可以构成共同侵权。共同故意或共同过失是数个行为人侵权行为的主观关联，这也是贯彻了自己责任原则，行为人主观上具有过错；共同故意是指数行为人主观上存在"必要的共谋"，各加害人知道且意欲协力导致某损害结果的发生[1]；共同过失是指各行为人对损害后果具有内容相同或相似的过失；侵权行为直接结合是数行为人侵权行为的客观关联，数个侵权行为密切联系，构成不可分割的引起损害发生的统一的原因。[2] 案例一就是数个行为结合程度紧密，对加害后果而言，各自的原因力和加害部分无法区分。

但是对于该款采纳何种学说的认识，理论界略有不同。王利明教授认为："从该解释规定看，最高人民法院实际上认为：数个行为人主观上具有共同故意的构成共同侵权，不具有共同故意的也构成共同侵权，因而实际上是放弃了共同侵权的主观

---

〔1〕 BGH NJW 1972，40，转引自王利明主编：《中华人民共和国侵权责任法释义》，中国法制出版社2010年版。

〔2〕 张新宝：《权责任法》，中国人民大学出版社2010年版，第50页。

说，而采纳了客观说。"[1] 而张新宝教授认为"该司法解释基本上接受了折中说"。[2] 最高人民法院陈现杰法官认为：司法实务对共同侵权系兼采主观说与客观说，但也作了有别于传统客观说的改造，将无意思联络的数人侵权中加害行为直接结合的情形纳入共同侵权的概念构成，而将其中数行为间接结合发生同一损害后果的"多因一果"与共同侵权予以区分，在一定程度上限制了连带责任的适用范围。[3]

该条第 2 款规定：二人以上没有共同故意或者共同过失，但其分别实施的数个行为间接结合发生同一损害后果的，应当根据过失大小或者原因力比例各自承担相应的赔偿责任。

（三）"共同过失"司法经验之二

最高人民法院的第二个司法经验就是：数个行为间接结合发生同一损害后果的，根据过失大小或者原因力比例各自承担相应的赔偿责任。案例二根据原因力比例酌定责任承担，是对"间接结合"的法律适用。间接结合就是：造成同一损害的多个原因行为的结合具有偶然性，这些行为并非都是直接或必然导致损害发生的行为，其中有些行为可能只是其他原因的条件。那么实践中该如何区分"直接结合"和"间接结合"？这似乎

〔1〕 王利明：《侵权责任法研究（上）》，中国人民大学出版社 2011 年版，第 484 页。

〔2〕 张新宝：《侵权责任法》，中国人民大学出版社 2010 年版，第 50 页。

〔3〕 陈现杰主编：《中华人民共和国侵权责任法条文精义与案例解析》，中国法制出版社 2010 年版，第 28 页。

不像最高人民法院规定的那样简单，例如张新宝教授就认为他对"直接结合"和"间接结合"的理解存在困难。[1]

　　笔者认为，最高人民法院的司法解释给我们带来了很大困惑，"直接结合"与"间接结合"在实务中是很难区分的，因此，司法解释关于直接结合的为共同侵权、间接结合的不属于共同侵权的区分基本没有实践价值。所以，从实用角度出发，直接结合和间接结合的经验在共同侵权中不应再适用，客观说不能够成为解释共同侵权责任要件的判断标准，而应另辟蹊径，采取主观说。这样从主观上将共同侵权和无意思联络的数人侵权进行区分，体现了共同侵权的特殊性，也方便司法实践中法律的适用。不过，也正是因为如此，我国共同侵权行为的认定不采客观说，行为人之间无意思的联络不构成共同侵权。所以，共同侵权行为的要件判断应当采取主观说。《侵权责任法》也没有采纳"直接接合"和"间接结合"区分的立场。

　　"由于共同故意致人损害与共同过失致人损害的共同侵权中，共同侵权人主观上存在过错，彼此之间存在意思联络，在审判实践中只要认定共同侵权人存在共同侵权的意思联络，即可认定共同侵权人承担连带责任。在我国民事诉讼证据规则的框架内，证明共同侵权人存在共同侵权的意思联络由被侵权人举证证明，被侵权人承担着举证不力和举证不能的诉讼风险。相对于被侵权人的诉讼难度和诉讼风险而言，法官并不难于作出裁判。只要被侵权人举证证明了共同侵权人具有共同侵权的合谋，存在共同侵权的意思联络，法官便可以此为据判决由共同侵权人承担共同侵权连带责任。"[1]

在审判实践中，对于虽无共同故意、共同过失，但加害行为直接结合发生同一损害后果的共同侵权而言，法官裁判案件的难度增大，不只是简单地适用法律作出裁判，而需要对共同加害行为是属于直接结合还是间接结合作出裁断。如果法官认定共同加害行为系直接结合，则数个侵权人的加害行为就构成了共同侵权行为，数个侵权人即应对被侵权人承担连带责任，被侵权人即有权对部分或者全部侵权人主张全部的损害赔偿。[2]

（四）"共同过失"理论内涵

"随着对受害人保护的强化，共同侵权行为的范围也有进一步扩大的趋势。"王利明教授认为，"在共同侵权中应当包含共同过失的主要理由是：其一，共同故意说使得共同侵权行为限于故意方面。这种观点使得受害人没有办法证明侵权人具有共同故意，从而难以让行为人承担连带责任，这确实不利于对受害人的保护。其二，共同侵权仅仅包括共同故意，也使得侵权

---

〔1〕 陈坚：《从共同侵权的"共同性"看〈侵权责任法〉对连带责任适用范围的限缩》，载中国民商法律网，http：//www.civillaw.com.cn/article/default.asp？id=58524，上传时间：2013年10月2日，访问时间：2014年12月30日。

〔2〕 陈坚：《从共同侵权的"共同性"看〈侵权责任法〉对连带责任适用范围的限缩》，载中国民商法律网，http：//www.civillaw.com.cn/article/default.asp？id=58524，上传时间：2013年10月2日，访问时间：2014年12月30日。

行为的适用范围过窄。承认共同过失构成共同侵权行为是现代侵权责任法发展的趋势。共同过错扩张至共同过失符合现代社会发展的需要。其三，如果共同侵权行为仅仅限于具有意思联络，就很难解释一切新型的侵权行为中行为人是否应承担连带责任。现代社会的许多专家责任案件中，行为人往往具有共同的过失。其四，我国司法实践素来以共同过错作为确定共同侵权行为的标准。最高人民法院颁布的《人身损害赔偿解释》第3条更是明确规定，共同过错既包括共同故意也包括共同过失。"[1]

共同过错说包含共同故意和共同过失以及故意与过失的结合这三种排列组合式的模型。三者皆得适用共同侵权制度，数行为人均得承担连带责任，所以学界很多学者推崇这保护受害人的数人侵权责任分担样态。从受害人保护角度，我们似乎是希望这三种样态适用同一侵权责任模式，但是，侵权法的立法基础并非仅仅保护受害人，还应包括对行为人行为自由的尊重。其一，共同故意，即有意思联络的共同侵权，能够很好地将数人侵权的体系架构得相当完美。因为我们发现，数人侵权体系以主客观标准而建立，客观标准下，数人侵权即为无意思联络的数人侵权，也就是侵权责任法第11条和第12条之规定；主观标准下，数人侵权即为无意思联络的数人侵权，也就是侵权责任法第8条。其二，如果将共同过失纳入主观标准之下，我们

---

〔1〕 王利明：《侵权责任法研究（上）》，中国人民大学出版社 2011 年版，第496 页。

会发现，原本应该是主观标准的共同过失侵权，对其归责却并非是那众口一词的共同侵权，而是那紧密结合的共同行为。这样，主观标准之下又包含着客观行为归责，从体系的逻辑性而言略有瑕疵。其三，如果将故意与过失纳入主观标准之下，我们不仅会发现同共同过失那般的体系不周延性，还会发现这有违普通人最朴素的法感情。从侵权责任法预防功能而言，在同一行为之中，苟责过失行为人对他人的故意有所防范，这显然是强人所难。

案例一（笔者称为相约飙车案）：甲、乙相约飙车，因车速过快来不及躲避而同时撞向丙车，造成丙受伤，车辆毁损。甲、乙对丙承担什么性质的责任？责任如何承担？

案例二（笔者称为共抬重物案）：丁、戊共抬重物登山，两人都认为自己将重物捆绑得很好，但是因过于自信的过失导致重物脱落，砸伤山下行人己。丁、戊对己承担什么性质的责任？责任如何承担？

上述案例中，涉及"共同过失侵权"的适用。然而《侵权责任法》第 11 条或者第 12 条似乎也能解决案例一、二。以案例一为例，假设两者过失都不足以造成损害发生：按照共同过失侵权理论，甲、乙的责任性质和责任承担应当根据《侵权责任法》第 8 条来判断，承担共同过失的连带侵权责任；而按照共同因果关系理论，甲、乙的责任性质和责任承担应当根据《侵权责任法》第 12 条来判断，承担共同因果关系原因下分别的按份责任。两种理论得出的结论十分迥异，究竟该如何适用？

数人侵权的法律适用中,除去共同危险行为,有争议的就是共同过失侵权和共同因果关系侵权。两种理论的区别实质在哪里?这是适用第 8 条还是第 12 条的关键之所在。

案例三:数个建筑工人一起抬着木头从屋顶往街上扔,他们都没有注意观察街上有无行人通过,结果砸伤了行人。[1]

案例四:被告 A 与 B 均为未成年人,事发时两人在高速公路上并行飙车竞赛,A 因自己过失车辆失控偏离车道,与对面原告夫妇 C 所驾驶汽车发生对撞车祸,B 当时并未偏离车道。原告将该两名飙车者列为共同被告,要求共同侵权行为之损害赔偿。[2]

按解释论的基本规则,案例三与案例四不属于侵权责任法第 11 条与第 12 条的规范范围。而在调整数人侵权的其他规则中,首先,它们不符合第 9 条关于教唆与帮助行为的规定,甚为明显;其次,"加害人确定"这一因素也使案例三与案例四脱离第 10 条共同危险行为的调整范围;最后,我国法上也不存在类似于德国民法典第 840 条之关于责任承担的一般规则。因此,从逻辑上而言,以案例三与案例四为代表的共同过失类型案件只能由侵权责任法第 8 条调整。可以说,只有第 8 条具有可被

---

〔1〕 这是德国学者 Weekerle 教授所举之共同过失案例。vgl. Weckerle, Die deliktische Verantwortlichkeit Mehrer er, Karlsruhe: Versicherungswirtschaft Verlag, 1974, S. 70. 转引自程啸:《论〈侵权责任法〉第八条中"共同实施"的涵义》,载《清华法学》2010 年第 2 期。

〔2〕 参见(台)潘维大主编:《英美侵权行为法案例解析(上册)》,台湾瑞兴图书股份有限公司 1997 年版,第 250 页。

解释的空间。[1]

从社会现实生活看，共同侵权行为，不仅存在着共同的故意，而且存在着大量的共同过失，这在我们的日常生活中是屡见不鲜的。假定我们以共同意思联络为共同侵权行为的必备要件，结果将会把大量的共同过失排斥在共同侵权行为之外，这显然是与共同侵权行为的基本概念自相矛盾的。[2]

首先应当解决的问题是：什么是共同过失？共同过失是过失内容的共同性还是行为的共同性？学界认为，共同过失主观上体现为数个行为人均有回避损害的自信。

主张共同过失的观点认为：共同过失是指数行为人对损害发生的可能性有共同的认识，但均有回避损害的自信。[3] 按照这种观点，在案例一中，他们认为："因相约飙车，双方对该危险行为应有共同的认识，虽对损害结果的可能性未及交流，但由行为的性质可以认定其存在共同过失。"[4] 在案例二中，他们认为：甲、乙共抬重物，甲担心重物坠落伤人，而向乙流露担心，乙自信不致坠落，而与甲交流自信；甲乙均因交流增强自信，抬行不辍，结果捆绑重物的绳索因磨损断裂，导致重物

---

〔1〕 曹险峰：《数人侵权的体系构成——对侵权责任法第 8 条至第 12 条的解释》，载《法学研究》2011 年第 5 期，第 59 页。

〔2〕 邓大榜：《共同侵权行为人的民事责任初探》，载《法学季刊》1982 年第 3 期，第 43 页。

〔3〕 陈现杰主编：《中华人民共和国侵权责任法条文精义与案例解析》，中国法制出版社 2010 年版，第 29 页。

〔4〕 陈现杰主编：《中华人民共和国侵权责任法条文精义与案例解析》，中国法制出版社 2010 年版，第 31 页。

坠落伤人。双方都预见到了可能发生损害，但又因交流获得自信，均认为不致发生损害，此种心理状态，不仅就各行为人个别而言主观上存在过失，而且就双方交流而言也存在共同认识上的过失。[1]

共同过错表现在，各行为主体对造成损害的行为群或者说整体的侵害活动有无共同的认识上，这种共同的认识就是我们制定共同侵权行为的主观特征的标准。[2]

王利明教授认为，共同过失就是指数人共同实施某种侵权行为时，各行为人对其行为所造成的共同损害后果应该预见或认识，但因为疏忽大意或不注意而致使损害后果发生。在行为实施过程中，行为人对损害的后果都具有共同的可预见性，易言之，他们都认识到某种损害后果会发生，但是因为懈怠、疏忽等原因而从事了该行为，并造成了同一损害后果。[3] 他还认为，共同过失的主要特点在于：其一，数个行为人并不存在意思联络；其二，数个行为人在实施某种行为时，其对结果具有共同的可预见性；其三，因为数个行为人共同的疏忽大意或者过于自信，而没有能够避免损害的发生。[4]

---

[1] 陈现杰主编：《中华人民共和国侵权责任法条文精义与案例解析》，中国法制出版社 2010 年版，第 29 页。

[2] 沈幼伦：《试论共同侵权行为的特征》，载《法学》1987 年第 1 期，第 29 页。

[3] 王利明：《侵权责任法研究（上）》，中国人民大学出版社 2011 年版，第 494 页。

[4] 王利明：《侵权责任法研究（上）》，中国人民大学出版社 2011 年版，第 494 页。

张铁薇教授认为：所谓共同过失，包含"过失的共同"与"共同的过失"两个方面的要素。前者强调的是，数个加害人就损害结果的发生而言，应该具有共同的可预见性。后者强调的是，共同过失的成立须有各行为人过失的结合。[1] 损害结果的发生，无论是同一损害还是非同一损害，都必须是各加害人共同的注意义务及注意义务违反的涵摄范围。"共同过失的存在需要一个结合点，在那个点上数人共同引发了风险，同时均可以避免而未避免风险的实现"，即缺少任何行为人的过失（行为），结果就不会发生，或者结果虽然发生，但不属于共同过失的范围。[2]

数人致害的事件中，可基于行为人意思而形成一体性，从而正当化连带责任。这里的意思是指一致行动的意思，即数人有共同为一定行为的合意，至于该合意的形成过程、形式等，均无关紧要，只要在行为作出之前事实上存在此种合意即可。当一致行动的意思中含有侵害他人的目的指向时，便表现为共同故意；而当一致行动的意思中虽不含有这样的目的指向，但行为人可以预见共同作出的行为会导致他人损害，并且可以避免这样的损害发生时，便表现为共同过失。共同过失的存在需要一个结合点，在那个点上数人共同引发了风险，同时均可以

---

〔1〕 张铁薇：《共同侵权制度研究》，人民法院出版社 2013 年版，第 167 页。
〔2〕 曹险峰：《数人侵权的体系构成——对侵权责任法第 8 条至第 12 条的解释》，载《法学研究》2011 年第 5 期，第 59 页。

避免而未避免风险的实现。[1]

德国法也将共同侵权从共同故意扩展到了共同过错,包括共同过失。例如:多人一起使劲从屋顶上扔下一个大木料,正好砸到了他们都没有注意到的楼下路过的行人;又如,多人共同在路面施工留下一个大坑,但未采取安全措施,导致夜晚路过的行人不慎掉落在该坑中而遭受损害。[2] 需要注意的是,马格努斯和马丁·卡萨尔斯教授主编的《侵权法的统一:共同过失》[3],这本书里面的共同过失并不是本文所要讨论的共同过失,而是类似于我国法的与有过失,即《侵权责任法》第26条的内容。

对于共同过错说内部之争论,即共同过错是仅包括共同故意与共同过失,还是尚包括故意与过失的结合,笔者认为,故意与过失的结合与共同过失的构造没有本质区别,都是构成损害结果的一个整体原因,另依"举轻以明重"之法理,应认为故意与过失的结合符合侵权责任法第8条中"共同实施"的要求。考虑到存在故意吸收过失从而构成单独侵权的情形,有必要对故意与过失相结合构成共同加害行为的情形作出必要限定,

---

〔1〕 叶金强:《共同侵权的类型要素及法律效果》,载《中国法学》2010年第1期,第68页。

〔2〕 Deutsch, Allgemeines Haftungsrecht, 1996, S. 321 ff. (dort auch die Beispiele auf S. 324/325). 转引自 [德] 布吕格迈耶尔、朱岩:《中国侵权责任法学者建议稿及其立法理由》,北京大学出版社2009年版,第137页。

〔3〕 [德] 马格努斯、[西班牙] 马丁·卡萨尔斯:《侵权法的统一:共同过失》,叶名怡、陈鑫译,法律出版社2009年版。

是为限定的"故意+过失"。[1]

笔者认为，在相约飙车案中，数个行为人其实实行的是共同侵权行为，应当按照共同侵权行为理论承担连带责任。因为主观上，数人相约飙车放任损害结果的发生，属于主观上的间接故意。在共抬重物案里，其实存在两个过失，或者说是内容相同的过失和同时的过失：数人其实是对自己的过于自信或者疏忽大意承担责任，而每个人的过失都可能导致损害后果的发生，所以应当适用累积因果关系理论解决本案，即根据《侵权责任法》第 11 条，数个侵权人也应当承担连带责任。

（五）"共同过失"否定论

程啸教授认为："到目前为止，我们民法学界对究竟何为'共同过失'，尚无人能举出真正有意义的排他性例子来加以说明。"他还认为，如果把"共同过失"界定为"数个加害人内容相同或者相似的过失"，就会使得共同加害行为与共同危险行为无法被区分。就样可能会导致《侵权责任法》构建的多数人侵权责任体系出现混乱，适用上产生冲突。[2] 笔者认为，按照此种观点，也无法将共同过失与共同因果关系相区别，造成适用上的混乱。因为共同因果关系中的过失也可能是内容相同或相似的过失，比如非飙车型交通事故中，甲、乙两个侵权人的过失就是内容相同或相似的过失。事实上，意思联络更有利于

---

〔1〕 曹险峰：《数人侵权的体系构成——对侵权责任法第 8 条至第 12 条的解释》，载《法学研究》2011 年第 5 期，第 60 页。

〔2〕 程啸：《侵权责任法》，法律出版社 2011 年版，第 245 页。

保护受害人，因为通过确定共同行为人之间的意思联络有助于减轻受害人对因果关系的举证责任。[1]

立法者对审判实务中扩大连带责任适用范围的倾向持谨慎态度，其价值取向更注重责任承担与主观过错的统一，因而对共同侵权的共同性要件采取了严格立场，只认可有意思联络的主观共同侵权，而不认可行为关联共同的客观共同侵权。对分别行为造成同一损害的，原则上按过错大小承担按份责任，例外情况下承担连带责任。[2]

共同过失是指数个侵权行为人对某种损害结果的发生应该共同尽到合理的注意而没有注意，包括两种情形：一是各行为人对其行为所造成的共同损害后果应该预见或认识，而因为疏忽大意和不注意致使损害后果发生；二是数人共同实施某种行为造成他人的损害，不能确定行为人对损害结果的发生具有共同故意，但可根据案件的情况，认定行为人具有共同的过失。[3] 在笔者看来，这两种情形很难认为是共同过失。就第一种情形而言，如果说各行为人之间事先并没有意思联络的话，那么单个的行为人怎么能够预见或者认识到其单独从事的行为的"共同后果"？如果说他已经明确认识到了自己的行为与另外

---

〔1〕 程啸：《论意思联络作为共同侵权行为构成要件的意义》，载《法学家》2003 年第 4 期，第 102 页。

〔2〕 陈现杰：《共同侵权的立法规制与审判实务》，载《人民司法》2010 年第 3 期，第 18 页。

〔3〕 王利明：《侵权行为法归责原则研究》，中国政法大学出版社 2003 年版，第 310 页。

一个行为人的过失行为将共同发生作用，对他人产生某一损害后果，却依然如此行为时，那么人们似乎很难说该人的主观心理状态依然为过失，他更可能是直接故意或者间接故意。至于第二种情形，既然无法确定行为人之间具有共同的故意，即共同追求房屋倒塌的目的，如何能够根据案情推定他们具有共同的过失？此外，在两个侵权行为人因过失而造成同一损害的情形当中，如果某一行为人属于无认识的过失，那么就不可能存在共同过失的可能性。因为这个人连自己的行为是否会产生损害后果的抽象可能性都没有认识到，如何能认识到其行为与另外一个人的行为所共同产生的后果？[1]

甲乙二人为他人抬玻璃，二人同时因疏忽大意将玻璃打碎；或者，甲提出抬绳可能有问题，而乙认为没关系，结果二人在操作中将玻璃打碎。从表面上看，前者中二人的过失行为似乎是一个"共同行为"，但仔细考察，二人的行为实质上都是独立的过失行为，因为二者没有损坏玻璃的意思联络，而玻璃损坏只不过是两个过失行为偶然遇合的结果而已。换句话说，如果主体间的主观过错不是同时存在，则损害也就可能不致发生。对于后者，二人虽然或许意识到抬绳可能有问题，但对其结果，二人都没有损害的共同故意，即不存在任何加害的心理联系，因此二人行为也就失去了作用于损害对象的积极联系，纵然有所联系，也不过是某种消极的联系即相互独立、平行的单个行

---

〔1〕 程啸：《论意思联络作为共同侵权行为构成要件的意义》，载《法学家》2003年第4期，第100页。

为的机械聚合，这与因共同故意而产生的统一行为，性质迥异。由此可见，没有意思联络，就没有共同行为的主观动因。[1]

共同侵权必须以数行为人主观上具有共同意思为要件。与此对应，行为人只能对处于共同意思的目的范围的损害后果承担责任，超出目的范围的，属于个别人的个别侵权行为，其他共同侵权人对其不应承担连带责任。对共同意思的目的范围的判断远不是这么简单，如何识别加害行为乃至其损害结果的发生是否在共同意思的目的范围内，以此确定损害责任承担范围是审判实践中的一个难题。对此，我们必须寻求一个比较合理且可行的判断标准。笔者认为，借用英美法上可预见性规则作为共同意思的目的范围的识别标准是一个很好的解决途径。[2]

笔者认为，过失，指应该知道结果发生，由于不注意不得而知或不知而实施某种行为的心理状态。[3] 过失的核心理论是注意义务，在日本，判例上，过失形成两种情形：一是主观上能够认识到行为会产生违法的结果，却抱有未必会产生该结果的期望，即指欠缺相当的注意（具有认识上的过失）；第二种场合是指，虽然主观上无法认识行为会产生违法的结果，但是，

---

〔1〕 伍再阳:《意思联络是共同侵权行为的必要条件》，载《法学季刊》1984年第2期，第28页。

〔2〕 孙海龙、何洪波:《共同侵权行为中共同意思的目的范围识别》，载《人民司法》2012年第20期，第95-96页。

〔3〕 ［日］田山辉明:《日本侵权行为法》，顾祝轩、丁相顺译，北京大学出版社2011年版，第35页。

如果尽到了相当的注意，就能够认识且回避违法结果的发生。[1] 英国侵权法上，过失蕴含两种意义：其一，过失是指一种不符合特定行为标准的行为。具体言之，是指不符合合理人行为标准的行为。其二，过失指的是一种独立的侵权类型，这种侵权类型有自己特定的构成要件。过失侵权成立的三项构成要件是：被告对原告负有关注义务，被告违反了关注义务，被告违反关注义务的行为引起了原告的损害。[2]

根据过失的注意义务理论，行为人对于自己的过失具有注意义务，也就是说行为人能够认识到自己的过失；或者行为人可以尽到一定的注意义务避免损害的发生。这是行为人对自己行为负责的精髓，但是，在共同过失理论下，行为人无法预知行为共同体的他人对行为是否有认识，甚至即使认识到他人对行为有认识，还要采取一定的措施避免他人过失造成损害后果的发生。如果没有认识到他人对行为的注意义务有认识，或者没有采取一定的手段避免他人的过失导致损害发生，行为人要与他人承担连带责任。客观地说，行为人无法对他人的过失产生预测可能性，法律通过对共同过失课以连带责任也无法达到减少损害的后果。

共同侵权责任构成要件"行为的共同性"方面，"一方面要求数人的行为相互联系，构成一个统一的致人损害的原因；另

---

〔1〕 [日]田山辉明：《日本侵权行为法》，顾祝轩、丁相顺译，北京大学出版社2011年版，第36页。

〔2〕 胡雪梅：《英国侵权法》，中国政法大学出版社2008年版，第57-58页。

一方面，从因果关系上看，任何一个共同侵权人的行为都对结果的产生发挥了作用，即各种行为交织在一起，共同发生了作用，因而由各个侵权人承担连带责任是合理的"。[1] 所以，笔者认为共同过失理论所指的"共同"是行为的共同，而非过失的共同。

第一，共同过失理论所指的"共同"是行为的共同。王利明教授认为："正是因为行为人主观上具有共同过错，才使数个行为人的行为联结成为一个整体。"[2] 笔者认为，主观共同过错和共同侵权行为之间的关系，并非过错为因，行为整体为果。而按照案例一、二所呈现的，行为整体才是因，共同过错才是果。即使我们承认共同过失，我们也只能看到共同过失理论和共同因果关系理论的区别仅在于行为的共同性。但是，行为的共同性不必然导致过失的共同性，也就是说两个过失行为之间没有关联性，连带责任在此处没有适用基础。即使认为两个过失行为之间具有关联性，那也只是两个过失行为都是为或不为一个共同行为。连带责任需要一人承担他人之故意或过失产生的责任，要么是自己对损害后果具有预期可能性（共同侵权行为），要么是自己的行为也足以带来损害后果的发生（累积因果关系）。

---

〔1〕　王利明：《侵权责任法研究（上）》，中国人民大学出版社 2011 年版，第479 页。

〔2〕　王利明：《侵权责任法研究（上）》，中国人民大学出版社 2011 年版，第478 页。

第二，再退一步，即使我们承认共同过失的存在，根据上文的分析，我们也看到，共同过失也只是两个过失，除了行为共同与《侵权责任法》第11、12条规定的过失不同之外，这两者绝无他别。共同过失是共同行为中的两个过失；累积因果关系中的过失是分别行为中的两个过失，所以两者的细微区别仍在于：共同行为与分别行为，即两者并非主观上的差别，而是客观行为上的区别。

第三，共同故意情形下，在行为共同体的数个侵权人之中形成了利益共同体，他们一起策划行为，具有主观上的意思联络，只要有一人行为故意，就可得出他人行为故意的结论；类比于此，共同过失的情形下，数个行为人中的一人过失，我们能不能得出他人也具有过失呢？显然不能。

共同侵权之所以让行为人承担连带责任，其实质在于，一个行为人不仅认识到或可预见到自己主观的故意、自己行为产生的损害后果，而且还明知共同行为中他人的主观故意、他人行为产生的损害后果；而在所谓的共同过失理论中，部分行为人显然无法明知或预见到其他人的主观、其他人行为产生的损害后果。"在疏忽大意的过失中，行为人虽然应该预见到自己的行为会侵犯他人的权益但是他并没有预见到，他自己都没有认识；所以，无法就此与其他行为人联络、商量或者沟通。因此，共同过错说中因为包含了疏忽大意的过失，并不妥当。"[1]

---

〔1〕 杨会：《数人侵权责任研究》，北京大学出版社 2014 年版，第 56 页。

三、"共同实施侵权行为"之共同故意

在英美法国家，对于共同侵权向来采用主观说，即将共同侵权行为限定为必须有加害人之间的意思联络为基础。[1]

在德国法上，共同侵权中的共同，实际上是指意思联络。意思联络是指各个行为人具有共同的故意或进行恶意的串通。可见，共同的意思联络实际上主要是一种故意。德国学者一般认为，过失行为不能都构成共同侵权，其主要理论依据在于，在共同侵权情况下，各行为人要负连带责任，此种责任不仅仅是对受害人的过错负责，而且每一个行为人都要为其他行为人的行为对受害人承担责任，而且此种责任不是部分的赔偿责任而是全部的赔偿责任。[2] 德国审判实务上采取扩张解释《德国民法典》第830条前段的方法，认为不仅加害人不明的情形，构成共同危险行为，各行为人应承担连带责任；加害人部分不明的，也构成共同危险行为，从而将承担连带责任的范围从有意思联络的主观共同侵权扩张到了行为关联共同但加害部分不明的客观共同侵权。[3]

我国立法表述上，《侵权责任法》第8条将《民法通则》第130条的"共同侵权"改为"共同实施侵权行为"，是立法者有

---

〔1〕 孙大伟：《侵权法律制度比较研究》，法律出版社2013年版，第49页。

〔2〕 王利明：《侵权责任法研究（上）》，中国人民大学出版社2011年版，第492页。

〔3〕 陈现杰主编：《中华人民共和国侵权责任法条文精义与案例解析》，中国法制出版社2010年版，第28页。

意为之，还是立法者的模糊心态？对于"共同实施"中"共同"理解的不同关涉加害人和受害人的利益平衡，解释时当秉持公正，谋求两者之间的平衡。从保护受害人角度来说，客观说保护过度，主观故意说保护不利，主观过错说居中。而从保护行为人行为自由角度，亦即平衡加害人利益角度，主观故意说最为有利，主观过错说次之，客观说最为不利。如何在受害人保护和行为人行为自由上取得平衡？

梁慧星教授认为：第 8 条所谓"共同实施"一语，指行为人就侵权行为之实施有"意思联络"。若无"意思联络"，不得称为"共同实施"，而应属于"分别实施"。故第 8 条所谓"共同实施"的共同侵权行为，相当于日本民法所谓"主观共同关系"（或"主观的关联共同性"）的共同侵权行为；第 11 条所谓"分别实施"的共同侵权行为，相当于日本民法所谓"客观共同关系"（或"客观的关联共同性"）的共同侵权行为。[1]

王利明教授认为：共同侵权中的"共同行为并不要求每个行为人都实际地共同从事了某种行为，它可以是两个人共同决定，由一个人完成，也可以是一个人起主要作用，另一个人起辅助作用。每个人的行为和结果之间并不一定都有直接的因果关系，只要共同侵权人具有以他人的行为作为自己行为的意思，

---

[1] 梁慧星：《中国侵权责任法解说》，载《北方法学》2011 年第 1 期，第 10 页。

就足以认定因果联系的存在"。[1] 从王利明教授的观点可以看出，共同侵权人之间有"以他人的行为作为自己行为的意思"，即数个侵权人之间存在意思联络。他更进一步认为，即使有人只是参与策划，而没有实际地从事共同侵权行为，也应推定其行为与损害后果之间具有因果关系。[2] "参与策划"也是在强调当事人之间的意思联络。

张铁薇教授对主观说提出了批判，"尽管主观说极具道德说服力，但其似乎过于担心连带责任的扩大适用，囿于责任与过错的概念逻辑，受举证等技术性问题的困扰，于避免加重加害人责任的同时在某些特定的情形下无法为受害人提供强有力的保护和救济，同时，这一学说也与一直以来都在通过宽缓地解释关联共同性的要件从而宽泛认定共同侵权行为成立的发展动向相悖。"[3] 但是她还是采纳了主观共同说，认为其本质要件为共同过错。其主要考虑的是：①共同过错说能够实现共同侵权责任制度与整个侵权行为法规则体系的契合；②共同过错说反映了过错责任这一侵权行为法的基本归责原则对共同侵权责任制度的要求；③共同过错说符合"自己责任"这一侵权行为法的基本原则，是共同侵权责任制度的道德基础；④共同过错

---

〔1〕 王利明：《侵权责任法研究（上）》，中国人民大学出版社 2011 年版，第479 页。

〔2〕 王利明：《侵权责任法研究（上）》，中国人民大学出版社 2011 年版，第480 页。

〔3〕 张铁薇：《共同侵权制度研究》，人民法院出版社 2013 年版，第 124 页。

说可以实现共同侵权责任制度与其他数人侵权制度的合理分界；⑤共同过错为行为人行为自由与受害人利益保护之间的平衡支点。[1] 笔者认为，①共同侵权是对一般数人侵权的特殊化，主观上的限制是有必要的；②共同侵权体现的是对他人行为负责，是对自己责任原则的限制；③共同故意说也可以实现共同侵权责任制度与其他数人侵权制度的合理分界，实现逻辑体现的内在周延性；④是共同过错还是共同故意能够平衡行为人行为自由与受害人利益保护，这只是论者的价值判断和立法的政策考量，不足成为独立的解释论的理由。

数个侵权人处于同一行为共同体之中，他们对共同故意行为而产生的损害后果承担连带责任。因为数人行为之间具有关联性，主观具有共同恶性，行为具有可谴责性，即"有意思联络的数人对损害后果的联络"[2]，所以，施加最严格的连带责任，从而保护受害人的权益，这无可厚非的。但是，如果让行为共同体的一人对他人的过失承担连带责任，殊难赞成：其一，主观上，数人之间无共同性，不存在共同恶性；其二，让一人对他人的过失承担责任，但其他行为人对他人过失具有不可预测性，而且违反了自己责任原则；其三，加大共同过失侵权行为人的注意义务并不能在客观上减少共同过失行为的发生，即通过加强注意义务、责任承担，无法达到减少损害的效果，原

---

〔1〕 张铁薇：《共同侵权制度研究》，人民法院出版社 2013 年版，第 131-133 页。

〔2〕 杨会：《数人侵权责任研究》，北京大学出版社 2014 年版，第 39 页。

因即对他人过失的不可预测性。

（一）文义解释——共同就是共同故意

根据文义解释，"共同实施"的主观要件只能是"共同故意"。《现代汉语词典》中共同的意思有两种：①形容词，属性词。属于大家的，彼此都具有的。②副词。大家一起（做）。[1]笔者认为，"共同实施"、"共同侵权"的"共同"是副词，理解为"大家一起做某件事"。多人一起做某件事必然存在着多人对某件事、某个行为的共同认识，也就是说多人有共同的意思联络。侵权责任法上的共同故意要求：不仅每一行为人对其加害行为都存在个别认识上的故意，而且行为人相互之间还存在必要的共谋，即相互之间具有共同的意思联络。[2]

参考《中国大百科全书·法学》关于"共同犯罪"的定义：二人以上共同故意实施的犯罪。[3]参考《新华词典》关于"共犯"的定义：即共同犯罪，指二人以上故意共同实施犯罪。[4]笔者认为："共同"只包含"共同故意"。我们很难想象大家一起对共同过失有共同认识，这样不就成为共同故意了？

此外，根据文义解释，既然"共同"只包含"共同故意"，那么也许可能存在"同时的过失"或"内容相同的过失"，但

〔1〕《现代汉语词典》，商务印书馆2005年版，第479页。
〔2〕陈现杰主编：《中华人民共和国侵权责任法条文精义与案例解析》，中国法制出版社2010年版，第29页。
〔3〕《中国大百科全书·法学》，中国大百科全书出版社1984年版，第171页。
〔4〕《新华词典》，商务印书馆1980年版，第286页。

不存在"共同过失"。而"同时的过失"或"内容相同的过失"对侵权责任的承担不产生影响。前述共同侵权行为类型的时候，几位学者的意见都是严格区分共同侵权行为与共同危险行为的。如果将"共同过失"包括在"共同侵权"之中，可能产生外延的重合、逻辑的不周延。

（二）当然解释——"共同过失"与共同因果关系侵权的区别

从当然解释的角度分析，似乎可以解决这个问题。当然解释的法律依据就是"举轻以明重、举重以明轻"。一般认为，侵权责任的构成要件包括：侵权行为、损害后果、侵权行为与损害后果具有因果关系、侵权人主观具有过错。

无论是《侵权责任法》第11条规定的累积因果关系按份责任还是第12条规定的共同因果关系按份责任，两者的相同点都是因因果关系（无论是竞合还是结合）而产生的按份责任。从证明责任角度分析，对于这两条，受害人都需要证明因果关系的存在。

将"共同侵权"局限于"共同故意"而不包括"共同过失"，有利于当事人举证。事实上，意思联络更有利于保护受害人，因为通过确定共同行为人之间的意思联络有助于减轻受害人对因果关系的举证责任。申言之，基于意思联络而实施侵权行为的数人中只要有一人的侵权行为与受害人的损害之间符合德国民法典第823条的因果关系要求，那么受害人就可以完全不用逐一证明其他人的行为究竟与损害后果之间是否存在因果关系。[1]

回看《侵权责任法》第 8 条的证明责任，如果共同包括共同过失，那么，在主观都是过失的情况下，共同过失侵权责任和共同因果关系按份责任之间的区别就在于：对于前者，受害人需要证明共同（数量上是两个）侵权行为的存在、损害后果同一、共同侵权行为与同一损害后果之间具有因果关系、侵权人主观过失，此时，两侵权人承担连带责任；对于后者，受害人需要证明两个侵权行为的存在、损害后果同一、侵权行为与同一损害后果之间具有因果关系、侵权人主观过失，此时，两侵权人承担按份责任。表面上看，两者的证明责任相差无几，但是，实质上，两者在证明责任上的区别是：前者的证明重点在于侵权行为的共同性，后者的证明重点在于因果关系的结合。一般认为，侵权行为的证明要比因果关系的证明简单，连带责任要比按份责任更加沉重。在《侵权责任法》未明确共同实施侵权行为的主观要件情形下，我们可以根据当然解释规则，举轻以明重，较轻的按份责任适用于较难证明的因果关系，较重的连带责任自然不应适用于较易证明的侵权行为。所以多个过失行为造成侵权行为的，应当适用《侵权责任法》第 11、12 条，而非第 8 条，亦即，共同实施侵权行为不包括共同过失，仅限于共同故意。

"如果从客观行为出发来解释连带责任的基础，则不仅不能

---

〔1〕 程啸：《论意思联络作为共同侵权行为构成要件的意义》，载《法学家》2003 年第 4 期，第 102 页。

对共同侵权人对外负连带责任的原因作出合理的解释，而且极易不适当地扩大共同侵权行为的范围，不合理地给当事人强加连带责任。"[1] 王利明教授的观点也印证了共同侵权不应当包括内涵为共同行为的共同过失侵权。

（三）体系解释

"《侵权责任法》严格区分了有意思联络和无意思联络的数人侵权，无意思联络的数人侵权规定体现在第 11 条和第 12 条，从体系解释的角度来看，既然《侵权责任法》已经对无意思联络的数人侵权进行了单独的规定，因此，第 8 条应该指的是有意思联络的数人侵权，即共同侵权。"[2] 按照王利明教授这种解释，《侵权责任法》第 8 条的共同侵权应该是有意思联络的数人侵权，即共同故意侵权。

张新宝教授的观点类似，他认为，《侵权责任法》第 8 条的规定与《民法通则》第 130 条略同，但增加了"实施"二字。结合其后的条文（第 12 条）来看，共同侵权行为似乎应当仅仅解释为有意思联络的共同侵权行为，而不包括无意思联络的数人实施的侵权行为。[3]

从《侵权责任法》第 10 条共同危险行为可看出，行为的共同性并不必然产生连带责任，连带责任的原因并非只有共同侵

---

〔1〕 王利明：《侵权责任法研究（上）》，中国人民大学出版社 2011 年版，第485 页。

〔2〕 王利明：《侵权责任法研究（上）》，中国人民大学出版社 2011 年版，第484 页。

〔3〕 张新宝：《侵权责任法》，中国人民大学出版社 2010 年版，第 50 页。

权之一种。

（四）限缩解释——连带责任的价值选择

杨会博士认为，在风险社会的今天，法律更应该加强对受害人的保护，在数人侵权行为领域，应该扩张连带责任的适用范围。[1]"我们认为，确定共同侵权行为的本质特征的目的，就在于确定连带责任的范围。立法者认为应当将连带责任限制在什么样的范围，就决定采用什么样的共同侵权行为本质的表述。"[2]对于侵权法而言，加强对受害人的保护与避免过于限制人们的行为自由是同等重要的，因而不宜过于宽泛地解释共同侵权。连带责任毕竟是比较严格的责任，应该限制使用，在共同行为下，"共同过失"的当事人不应对另一方的行为承担连带责任。王利明教授的著作中有种倾向：承担连带责任的都是共同侵权行为。笔者认为：连带责任与共同侵权行为并非完全对应。法律规定复数主体承担连带责任，并不当然意味着他们的行为构成共同侵权。例如《侵权责任法》第9条规定：教唆、帮助他人实施侵权行为的，应当与行为人承担连带责任。教唆、帮助无民事行为能力人、限制民事行为能力人实施侵权行为的，应当承担侵权责任；该无民事行为能力人、限制民事行为能力人的监护人未尽到监护责任的，应当承担相应的责任。还有该法第11条。易言之，在数人侵权中，承担连带责任的不单是共

---

〔1〕　杨会：《数人侵权责任研究》，北京大学出版社2014年版，第65页。

〔2〕　杨立新：《共同侵权行为及其责任的侵权责任法立法抉择》，载《河南省政法管理干部学院学报》2006年第5期，第3页。

同加害行为，连带责任不能与共同加害行为捆绑。[1]

《侵权责任法》划分无意思联络的数人侵权与有意思联络的共同侵权，其立法本意在于强调责任承担与理性预期的合理一致，限制连带责任的适用范围。[2] 数个人共同对他人实施侵害的行为之所以被称为共同侵权行为，而使该数人承担连带赔偿责任，关键就在于他们之间具有意思联络，正是由于行为人之间具有意思联络，因此他们认识到了或者主动追求自己的行为与他人的行为结为一体，共同对他人造成损害。[3] 共同侵权只包括共同故意，共同故意以外，"如果数个加害人没有意思联络而实施侵权行为造成他人损害时，需要根据具体的案情判断他们是构成共同危险行为，还是无意思联络的数人侵权，从而分别适用《侵权责任法》第 10 条、第 11 条或第 12 条"。[4]

《侵权责任法》对共同侵权的"共同性"的理解采取了收缩主义，不仅对《人身损害赔偿司法解释》确定的"共同性"要件持谨慎的否定，而且规定了比《民法通则》确定的"共同性"更严格的要件。《侵权责任法》只认可有意思联络的主观共同侵权，以行为人之间有意思联络作为必要要件，并不认可行

---

〔1〕 杨会：《数人侵权责任研究》，北京大学出版社 2014 年版，第 66 页。

〔2〕 陈现杰主编：《中华人民共和国侵权责任法条文精义与案例解析》，中国法制出版社 2010 年版，第 39 页。

〔3〕 程啸：《论意思联络作为共同侵权行为构成要件的意义》，载《法学家》2003 年第 4 期，第 98 页。

〔4〕 程啸：《论〈侵权责任法〉第八条中"共同实施"的含义》，载《清华法学》2010 年第 2 期，第 55 页。

为关联共同的客观共同侵权。《侵权责任法》遵循的是"责任自负"的基本原则，在连带责任的适用范围上采取了谨慎的态度，限制连带责任的过度适用，其采取的是限制连带责任宽泛化的立场。[1]

《侵权责任法》对连带责任适用范围的限缩立场与司法实践中对连带责任适用范围的扩张习惯在一定时期内仍会有冲突，如何理性看待审判实践中的既有原则与现行立法规定的矛盾，既全面理解、准确适用《侵权责任法》的规定，又紧密联系我国当前的司法实际，加强对共同侵权制度的研究，善于从不断发展的、动态的社会现实与社会制度环境中透视共同侵权制度中"共同性"的意义与局限，从而不断探索共同侵权行为构成的合理内涵，不断探究共同侵权连带责任的合理适用范围，已成为《侵权责任法》实施中亟待解决的课题。[2]

（五）其他法律规范和"两岸四法域"的启示

首先，其他法律中也有将"共同故意"明确规定为"共同侵权行为"条件的条文。例如《建筑法》第 35 条第 2 款规定：工程监理单位与承包单位串通，为承包单位谋取非法利益，给建设单位造成损失的，应当与承包单位承担连带赔偿责任。本

---

〔1〕 陈坚：《从共同侵权的"共同性"看〈侵权责任法〉对连带责任适用范围的限缩》，载中国民商法律网，http：//www.civillaw.com.cn/article/default.asp？id = 58524，上传时间：2013 年 10 月 2 日，访问时间：2014 年 12 月 30 日。

〔2〕 陈坚：《从共同侵权的"共同性"看〈侵权责任法〉对连带责任适用范围的限缩》，载中国民商法律网，http：//www.civillaw.com.cn/article/default.asp？id = 58524，上传时间：2013 年 10 月 2 日，访问时间：2014 年 12 月 30 日。

法使用的语词是"串通",即为双方"共同故意"的意思。

其次,一些地方法院的指导意见也认为共同侵权以"共同故意"为条件。例如:

(1)《山东省高级人民法院关于审理人身损害赔偿案件若干问题的意见》第 23 条:二人以上共同故意实施侵权行为造成他人人身伤害的,应以共同侵权人为共同被告并承担连带责任。该条明确规定共同侵权的主观要件为"共同故意"。

(2)《河南省高级人民法院(民事审判第一庭)关于当前民事审判若干问题的指导意见》第 6 条规定:在侵权案件中,连带责任不可推定,仅当有法律有明确规定情形,各加害人才相互承担连带责任。加害人主观上有共同侵权的意思联络,发生同一损害后果的,构成共同侵权,应当承担连带责任。本条也明确规定,共同侵权的加害人主观上应当具有"共同侵权的意思联络"。

无论是"共同故意"还是"共同侵权的意思联络",这两省的法院在裁判共同侵权时,采取了保守的主观要件判断,即"故意"与"故意"的结合,而不承认"故意"与"过失"、"过失"与"过失"的结合。

再次,《澳门民法典》也给我们一些启示,该法第 483 条规定:不法行为之行为人、教唆人或帮助人有数人者,各人均须对所造成之损害负责。本法第 490 条第 1 款规定:如有数人须对损害负责,则其责任为连带责任。在共同侵权责任成立要件上,也要求侵权行为与损害后果之间具有因果关系。造成的损害结果与共同侵权行为之间应当存在因果关系，即共同侵权人中的每个人的行为与损害结果之间均存在某种联系，即使二人故意侵权造成他人损害的情况下，其中一人的行为并未直接造成原告的损害，但由于共同的主观故意所具有的主观可责性，使得其客观上的因果关系被补足。[1]

最后，我国台湾地区现行"民法"第185条规定：数人共同不法侵害他人之权利者，负连带损害赔偿责任。不能知其中孰为加害人者，亦同。造意人及帮助人，视为共同行为人。就行为人之意旨之不同，台湾地区现行"法"中的共同侵权行为可以分为主观共同加害行为和客观共同加害行为。[2] 前者是指有意思联络的加害行为，类似于大陆《侵权责任法》的第8—10条；后者是指无意思联络的数人侵权，类似于大陆《侵权责任法》的第11—12条。

四、结论

有学者举例，甲、乙开车超速相撞，伤害路人丙，则甲、乙构成共同过失。笔者认为，对于损害而言，甲、乙两人的主观上都是过失，自不言待。那么，他们是不是共同过失？我们可以将共同过失与共同故意相类比，撇开意思联络，我们也可以看出共同故意与共同过失的本质不同。其一，共同故意不以行为人均实施行为为要件，但共同过失中，必须要求数个行为

---

〔1〕　孙大伟：《侵权法律制度比较研究》，法律出版社2013年版，第52页。
〔2〕　孙大伟：《侵权法律制度比较研究》，法律出版社2013年版，第54页。

人均实施行为，如果一人过失撞伤路人，另一人虽超速却没有撞伤路人，此时，如果让另一人承担连带责任，似乎太过严苛。笔者认为，若行为人对竞相飙车行为人认识，则可以依据共同危险行为课以数个危险行为人连带责任，可以达到保护受害人之目的；但若行为人互不相识，则只能按照自己责任原则，由造成了危害结果的侵权人承担连带责任。其二，共同故意既然不要求数个行为人均有施行行为，那么当然地也不用考察行为时各行为人的主观状态；但我们观察共同过失行为时我们会发现，共同过失行为需要数个行为人的行为同时发生，且行为发生时行为人主观上均同时为过失，本质上，共同过失是一种偶然的时间偶然的行为共同造成同一损害，或可称为"同时过失"。

借鉴《建筑法》立法经验和河南、山东的司法经验，兼顾共同侵权中举证责任问题，从"共同"的文义解释入手，"共同"只能是"共同故意"；从"共同实施侵权行为"要承担连带责任的价值判断，我们应当限缩解释"共同"，不宜随意扩大连带责任的适用范围。

共同故意说既符合个人责任原则，又具有坚实的法伦理基础。个人责任原则是侵权法上的重要原则，共同故意说仅要求对自己的故意负责，是符合该原则的。同时，共同的故意或者说意思联络，也表明了行为人在道德上的可谴责性，从而为连带责任的承担提供了坚实的法伦理基础。[1]

"《侵权责任法》虽然没有直接对主观说或者客观说、折中说作出表态，但是从第 8 条和第 12 条（后半段）来看，似更接近于主观说。"[2]

所以，共同实施侵权行为的性质应当摒弃客观说，而采取主观说；共同实施侵权行为的主观要件判断应当采取共同故意说，不应当承认共同过失，或者说根本就不存在共同过失。

共同故意说既符合个人责任原则，又具有坚实的伦理基础。个人责任原则，也称自己责任原则，是指个人仅就自己行为所造成的损害负责，就他人行为所造成的损害，不负责任。个人责任原则符合我国当下社会背景中经济自由主义的需求。而共同故意说仅要求对自己的故意负责，是符合该原则的。同时，共同的故意或意思联络，也表明了行为人在道德上的可谴责性，从而为连带责任的承担提供了坚实的伦理基础。[3]

〔1〕　周友军：《侵权法学》，中国人民大学出版社 2011 年版，第 184 页。

〔2〕　张新宝：《侵权责任法》，中国人民大学出版社 2010 年版，第 50 页。

〔3〕　周友军：《我国共同侵权制度的再探讨》，载《社会科学》2010 年第 1 期，第 87 页。

第九章

数人危险行为研究

摘要：共同危险行为应改为数人危险行为，不特别考察行为人的主观要件，不过需要排除数人有意思联络的共同故意侵权。数人危险行为不以行为或主观的共同为要件，着实无共同的法律效果；另外，共同危险行为对应的概念若是分别危险行为，那就有法律适用之瑕疵，分别危险行为是何法律概念？所以，笔者舍弃共同危险行为概念，改用数人危险行为概念。数人危险行为本质上是分别侵权，主要调整加害不明的危险行为。当加害部分不明时，应适用《侵权责任法》第12条之规定。数人危险行为不要求危险行为具有时空同一性，只要求损害结果同一即可，即所谓的行为有关联即可。

关键词：共同危险行为；数人危险行为；连带责任

共同危险行为是指数人共同从事有侵害他人权利之危险性的行为以致造成他人的损害，但是不知道数人中究竟谁是加害人，而令该数人承担连带赔偿责任的情形。[1] 杨立新教授认为：共同危险行为是指二人以上共同实施有侵害他人权利危险的行为，其中一人或者数人的行为造成他人的损害结果，但不能判明其中具体侵权人的共同侵权行为。[2]

通说认为，共同危险行为的规定是防止那些无辜的受害人在因非可归责于自己的原因而无法证明损害后果与侵害行为的因果关系时，无法获得救济。基于这一特殊政策，立法者对赔偿责任进行了扩张，因此共同危险行为不属于意思责任的侵权行为，即非传统的过失责任。[3] "不确定的因果关系"也称"择一的因果关系"，它指这样一种情形，即被告的损害是由两个或两个以上有过失的被告中的某一位的行为而造成的，但是又不能确定究竟是哪一个被告的行为所造成。由于数人的行为都具有造成损害的危险，所以具体的加害人不是其中的一人

〔1〕 王利明：《侵权行为法归责原则研究（修订版）》，中国政法大学出版社2003年版，第310页。

〔2〕 杨立新：《侵权责任法》，北京大学出版社2014年版，第111页。

〔3〕 ［日］川井健：《现代不法行为法》，日本评论社1978年版，第229页；［日］森岛昭夫：《不法行为讲义》，有斐阁1990年版，第93页。转引自程啸：《共同危险行为论》，载《比较法研究》2005年第5期，第59页。

（或数人），就是另外一人（或数人）。[1]

数人危险行为本质上是分别侵权，主要调整加害不明的危险行为。当加害部分不明时，应适用《侵权责任法》第12条之规定。所谓加害人不明，就是指数人实施了可能造成他人损害的行为，事实上只有部分行为人的行为实际造成了损害后果，但无法确定具体的加害人。加害人不明是共同危险行为的基本特征，也是区分共同危险行为与其他数人侵权的基本标准。[2]《侵权责任法》第10条首次在法律上明确规定了共同危险行为。但问题是，要求共同危险行为人承担连带责任的正当依据何在？笔者认为，其正当性依据在于危险性行为的实施与改变受害人不利举证负担的结合，即为减轻受害人的证明责任，将数个危险性行为整体化为一个原因，数个行为共同的危险性也正当化了这种"一因"性。[3]

一、数人危险行为的主观要件

就主观要件而言，若数行为人共同实施危险行为，其中一人或部分人的行为造成损害而不能确定谁是实际加害人时，只要行为人之间没有意思联络（主要指共同过失），即可构成共同

---

〔1〕 程啸：《共同危险行为论》，载《比较法研究》2005年第5期，第61页。

〔2〕 王利明：《论共同危险行为中的加害人不明》，载《政治与法律》2010年第4期，第76页。

〔3〕 曹险峰：《数人侵权的体系构成——对侵权责任法第8条至第12条的解释》，载《法学研究》2011年第5期，第61页。

危险行为。[1] 共同危险行为不强调主观，只强调行为的共同性，一般认为，行为具有同一时间、同一地点的"时空统一性"即可。笔者赞成这样的观点。但是主观并不是不值得考虑的因素。不特别考察行为人的主观，不过需要排除数人有意思联络的共同故意侵权。

笔者认为，共同危险行为既可以适用于一般侵权行为，也可以适用于特殊侵权行为，所以讨论共同危险行为人是共同过错还是共同过失，毫无意义。重要的是，必须明确共同危险行为人之间没有意思联络。因为在共同加害行为与共同危险行为的适用顺序上，共同危险行为从属于共同加害行为。只有不构成共同加害行为，才能考虑能否适用共同危险行为。[2]

二、数人危险行为的客观要件

二人以上实施危及他人人身、财产安全的行为，这里的行为要求具有：同时性、危险性。不考察共同行为或者分别行为。共同危险行为应改为数人危险行为，即，在分别侵权行为下，若具体加害人不明，也应当适用《侵权责任法》第 10 条。共同危险行为的后果将导致行为人负连带赔偿责任，连带责任不应泛化，基于限制共同危险行为范围的必要，应当以行为时间、

---

〔1〕 刘凯湘、余文玲：《共同危险行为若干问题研究》，载《河南省政法管理干部学院学报》2005 年第 3 期，第 42 页。

〔2〕 程啸：《论共同危险行为的构成要件——以〈侵权责任法〉第 10 条为中心》，载《法律科学》2010 年第 2 期，第 127 页。

地点的同一性为必要。[1] 在共同危险行为的客观构成要件上，主要是存在"行为之共同说"与"加害人不明说"两种主张。这两种学说的分歧点在于，"行为之共同说"强调行为在时间、场所上的关联性，否则不构成共同危险行为；"加害人不明说"强调致害人的不能确知性，即只需致害人不明，不需行为在时间、场所上的关联，仍可构成共同危险行为。[2]

如果采取同一性说，会使共同危险行为的界定过于严格，有可能导致异时、异地发生的数个行为损害后果的发生，但无法判明具体致害人的场合，无辜的受害人得不到应有的法律救济。而如果采用截然相反的态度，否定对行为之共同性的必要限制或在共同行为问题上界定过宽，则有可能给那些与他人实施的行为没有任何联系的行为人强加举证责任，如其不能举证证明自己的行为和危害结果之间没有因果关系，就要承担连带责任。这对行为人而言，又未免过于苛刻，因为"法律上无理由要求任何人因其行为与任何他人受侵害有任何关联者，均负举证责任"，因此对共同危险行为"自有加以限制之必要"。那么，究竟应如何对共同危险行为中的共同行为进行界定或限制呢？比较而言，笔者倾向于采用"时空关联性说"，主张对共同危险行为中的共同行为之界定，应该以该行为"是否具有造成

---

〔1〕 王利明：《共同危险行为若干问题研究》，载《法学杂志》2004 年第 4 期，第 8 页。

〔2〕 刘凯湘、余文玲：《共同危险行为若干问题研究》，载《河南省政法管理干部学院学报》2005 年第 3 期，第 42 页。

同一损害的危险性与可能性"为中心，也即以数行为人实施的行为是否在客观上对他人的人身或者财产权利造成了潜在的危险，而且这些潜在的危险均有可能转化为现实的损害为标准。[1]

笔者认为，要求共同危险行为人的行为具有时空上的同一性，并不妥当。由于《侵权责任法》第10条并未采取"共同实施"的表述，据此应认为我国法不要求共同危险行为人的行为具有时空上的同一性。首先，如前所述，共同危险行为的规范目的在于减轻因果关系不明时受害人的证明困难，是对侵权法中肇因原则做出的例外规定，其归责基础不是肇因原则而是危险。以时空同一性作为共同危险行为之构成要件，有违规范目的。其次，主张"时空上的同一性"之学者无非是担心共同危险行为适用范围过大，但这种担心其实并无必要。因为共同危险行为还有一项重要的要件——"危及他人人身、财产安全"，即行为的危险性。所谓行为的危险性并非指一般的危险，而是指就造成损害而言具有高度真实性的或确定可能性的危险。此一要件足以防止共同危险行为之滥用。[2]

共同危险行为客观上有两个行为，一个行为是危险行为，一个行为是侵权行为（即产生损害后果的危险行为）。共同危险

---

〔1〕 刘保玉、王仕印：《共同危险行为争议问题探讨》，载《法学》2007年第2期，第77页。

〔2〕 程啸：《论共同危险行为的构成要件——以〈侵权责任法〉第10条为中心》，载《法律科学》2010年第2期，第129页。

行为主观要件无需考虑，是为了受害人法益特别保护。但是它仍有值得考虑的地方。其一，数个行为人对危险行为有认识，且是有意思联络的认识，对侵权行为也是有意思联络的认识，这就构成了共同侵权行为，其实这是共同危险行为与共同侵权行为竞合的表现。其二，数个行为人对危险行为有认识，且是有意思联络的认识，但对侵权行为没有意思联络的认识，本来各个危险行为人是应当承担自己责任的，为造成损害后果的危险行为人无需承担责任，但是法律特别规定之，需要指出的是，这里并不存在对侵权行为的共同认识，所以不存在共同过错，没有共同认识，哪有认识的共同对错。其三，数个行为人对危险行为有认识，但不是有意思联络的认识，对侵权行为更没有意思联络的认识，此种情形与分别侵权竞合，无需多言。

纵观分析可以看出，共同危险行为制度的真正价值即在于第二种情形：数个行为人对危险行为有认识，且是有意思联络的认识，但对侵权行为没有意思联络的认识。这种责任的承担是法律的一种特别规定，并非基于共同侵权或者分别侵权之角度考量的。

客观关联共同定位下共同危险行为应采"群体危险行为"因果关系。"群体危险行为"主要由行为的危险性与群体性两方面构成。行为的危险性表现在以下三个方面：其一，行为具有致害的可能。其二，行为的同类致害性。其三，危险的不合理性。判断行为是否具有群体性，即危险行为之间是否具有客观关联共同性而构成危险活动，应该考虑以下两个方面：其一，危险行为之间具有时空一致性。其二，危险行为人具有参与人的性质。[1]

三、共同危险行为的两种情形（加害部分不明）

按照德国侵权法理论，共同危险行为应当包括两种情形：其一，加害人不明的共同危险行为，即数个没有意思联络的人都参与实施了危害他人合法权益的行为，受害人因其中一人或几个人的侵害行为而遭受损害，但是无法查明实际损害人是谁；其二，加害部分不明的共同危险行为，即数个没有意思联络的人都对受害人实施了加害行为，且他们各自的行为都构成了侵权行为，但是无法分清他们各自的侵权行为给受害人造成的份额。[2]

整体解读《侵权责任法》第10条，我们发现存在以下两种情形：①具体侵权人明确；②具体侵权人不明确。

第一种具体侵权人明确的情形下可能存在两种情形：A、案中仅存在一个可以确定的具体的侵权人；B、案中存在多个可以确定的具体的侵权人。

第二种具体侵权人不明确的情形下也可能存在两种情形：C、具体侵权人虽不明确，但可以明确有一个具体侵权人；D、具体侵权人不明确，但可以明确有复数具体侵权人。

---

〔1〕 王竹：《再论共同危险行为》，载《福建师范大学学报（哲学社会科学版）》2010年第4期，第141-142页。

〔2〕 程啸：《共同危险行为论》，载《比较法研究》2005年第5期，第58页。

这两种具体情形的区分是逻辑和价值两个层面必然的结果，这种必然并非天作之合，而是人们故意为之，这种区分的标准就被认为划分的依据。

在①（A）情形下，一个具体侵权人对自己的侵权行为承担侵权责任，符合自己责任原理，请求权基础在于该条前半句关于责任承担的规定，概不多言。

在②（B）情形下，能够确定侵权人，但是侵权人仍为数人，数人之间承担何种侵权责任？连带责任或者按份责任？

有学者认为仍应区分两种情形：原因力大小明确和原因力大小不明确。对于原因力大小明确的案件按照前述①（A）处理，由各个具体侵权人在责任范围内承担按份责任，这种承担安排的结论似乎是一致的，但是请求权基础却略有不同。我认为不是类推适用该条前半句，而是应当按照第 12 条前半句处理。

对于原因力大小不明确的情形，就是学者所说的"加害部分不明"。所谓"加害部分不明"是指虽然具体加害人是明确的，但是每一个具体加害人的加害行为造成的具体加害部分无法确定。侯国跃教授认为加害部分不明也应当适用共同危险行为，承担连带责任。[1] 这种理解暗含着将原因力大小不明解释成具体侵权人不明的解释过程。"为克服立法的刚性，给被侵权人以充分的救济，以平衡侵权人和被侵权人之间的利益，笔者

---

〔1〕 谭启平主编：《中国民法学》，法律出版社 2015 年版，第 680 页，此部分由侯国跃教授执笔。

认为，审判实务中可以参考德国侵权法以及我国台湾地区现行'民法'的理论和实务经验，将加害部分不明的情形纳入共同危险行为，而使各危险行为人承担连带责任。"[1]

扩大解释的前提是文义解释、当然解释的失范。但本案中可以适用文义解释、当然解释，无扩大解释的空间。要追问这多个具体侵权人是为何而承担数人责任？是共同侵权还是分别侵权？笔者认为这是分别侵权，因为原因力明确的情形下，数人承担的是分别侵权的按份责任，原因力不明确的情形下，只是司法认定技术上的难题，事实上的原因力大小还是存在的，只是暂时还未被发现，在事实这个层面上，无论原因力大小是否可确定，两者都是分别侵权，何况在这类案件中司法追求的状态是使原因力大小可确定。基于分别侵权的认识，我认为，此处也应当适用分别侵权的规定，请求权基础在于第 12 条后半句。

回看整个②（B）情形，我认为应当按照分别侵权处理，分别侵权承担的是按份责任，侵权人对自己的侵权行为承担相应的责任，这实质上也是自己责任。

（C）和（D）情形下，无论可能的具体侵权人是几个，只要具体侵权人不明，各个危险行为人都承担连带责任，这种连带责任是替代性质的，行为人对他人的行为承担责任，是法律的一种特别规定，是出于价值考量，保护受害人。

---

[1]　陈现杰：《共同侵权的立法规制与审判实务》，载《人民司法》2010 年第 3 期，第 20 页。

第 10 条的规定是不同于第 8、11、12 条的区分标准的规定。第 10 条是以自己责任和替代责任作为类型化共同危险行为的标准，之所规定加害人不明的替代责任从而超出了自己责任的原有范围，是因为这种标准包含着法律的特别价值考量。但第 8 条和第 11、12 条的区分是共同侵权行为和分别侵权行为两个维度类型化数人侵权，共同侵权行为和分别侵权行为的规定都没有超出原有的一般性含义，只不过分别侵权有个小的变通而已。

数人侵权责任从两个角度规定了四个条文的数人侵权责任承担。其一，从侵权行为角度，区分共同侵权行为和分别侵权行为，并承担不同的责任，主要是连带责任和按份责任，这些都没有超出这两个责任的一般性原理，没有超出自己责任的范畴。其二，从受害人法益特别保护角度规定共同危险行为，区分具体侵权人明确和具体侵权人不明确两种情形，这两个类型的区分标准就是自己责任和替代责任。替代责任就超出了自己责任的范畴，正是出于法益特别保护的衡量。

如果从有无超出自己责任范畴来说，共同危险行为超出了自己责任的范畴，规定了替代责任；共同侵权和分别侵权没有超出自己责任的范畴。

从体系上说，以"有无超出自己责任"范畴，数人侵权有两个不同角度相互独立的类型：一是共同危险行为（数人危险行为）；二是分别侵权和共同侵权。

共同侵权对应的概念是分别侵权，共同危险行为对应的概念不是分别危险行为而是个人危险行为。因为分别危险行为不具有特殊性，不具有特别苛责的非法性。何况，按照笔者的观点，共同危险行为称为数人危险行为，更能看出其对应的概念应当是个人危险行为。

由于《侵权责任法》第 10 条将因果关系不明表述为"不能确定具体的侵权人"，且明确规定"能够确定具体侵权人的，由侵权人承担责任"，因此，只有加害人不明方可适用第 10 条，属于共同危险行为。如果只是"加害部分不明"，则不构成共同危险行为，各个加害人之间究竟如何承担责任，则分为不同情形：如果能归属于共同过错的范畴，则应按第 8 条处理；否则应分别依据《侵权责任法》第 11 条或第 12 条规则处理。[1]

基于因果关系而形成的一体性，主要发生在因果关系不明的场合。因果关系不明的状况可分为两种情况：一是各行为与损害之间或者完全不存在因果关系，或者存在百分之百的因果关系，但无法查明任何一个行为实际上的因果关系状况；二是各行为与损害之间均存在一定程度的因果关系，但具体的程度无法确定。[2]

四、数人危险行为中的因果关系

学界对共同危险行为中的因果关系的界定，通常是从择一

〔1〕　曹险峰：《数人侵权的体系构成——对侵权责任法第 8 条至第 12 条的解释》，载《法学研究》2011 年第 5 期，第 61 页。

〔2〕　叶金强：《共同侵权的类型要素及法律效果》，载《中国法学》2010 年第 1 期，第 70 页。

的因果关系抑或累积的因果关系、必然的因果关系抑或推定的因果关系的角度进行论述。笔者认为，这两种因果关系的分类是在不同的层面上进行的，前一分类是在客观事实的层面上进行的，而后一分类是在构成要件的层面上进行的。因此，这两种因果关系的分类之间并不矛盾：择一的因果关系抑或累积的因果关系的界定对于区分共同危险行为和无意思联络的数人侵权较有价值，而必然的因果关系抑或推定的因果关系的分析对于行为人的责任承担和免责问题较有意义。[1]

至于共同危险行为中，各行为人之行为对于损害结果之发生虽均具有危险性，但事实上仅有其中之一或一部分人之行为构成侵权行为，其余人之行为对于损害结果根本完全没有因果关系，此时所涉及者实乃风险分配之问题，若要求被害人必须证明孰为真正加害人及加害行为始能请求损害赔偿时，该事实不明或鉴识科技水准不足之风险即由被害人承担；反之如认为被害人毋庸负此举证责任即可向可能加害人请求损害赔偿时，则系由全体可能之加害人（包括真正加害人及无辜之第三人）承担风险。因此，因果关系之有无实为共同加害行为与共同危险行为之区别标准。[2]

---

〔1〕 刘保玉、王仕印：《共同危险行为争议问题探讨》，载《法学》2007年第2期，第78页。

〔2〕 林诚二：《共同危险行为之构成与界限》，载《金陵法律评论》2008年春季卷，第5页。

五、数人危险行为的免责事由

如果某一人或数人能够证明对受害人造成实际损害的人是谁，那么显然此时就已经不存在共同危险行为了，而是单独的侵权行为，自然非加害人无需与加害人承担连带赔偿责任。这个当然是共同危险行为人的免责事由。但是，如果共同危险行为人中某一或数个人只是证明自己的行为与受害人之间的损害不存在因果关系时，能否因此将其排除出连带责任呢?[1]　对于这个问题的回答有两种学说：

一为肯定说。此说认为，只要数人中有人能够证明自己根本没有加害他人的可能的，也就证明了自己没有实施危险行为，此时即便其他人中仍然不能确知谁为加害人，也应当将该人排除在共同危险人之外，使其免除责任。[2]　二为否定说。该说认为，为了更加有效地保护受害人应当采取否定说，因为即便数人中的某人能够证明自己没有加害行为，也不能当然地令其他人负赔偿责任，倘若其他人也如法炮制地证明自己没有加害行为，则势必会发生全体危险行为人逃脱责任的现象，受害人所受损害根本无法获得补救。况且，共同危险行为制度本身就是基于参与了使他人权益处于危险境地的行为而设置的，因此从

---

〔1〕　程啸：《共同危险行为论》，载《比较法研究》2005 年第 5 期，第 62 页。
〔2〕　史尚宽：《债法总论》，中国政法大学出版社 2000 年版，第 176 页；梅仲协：《民法要义》，中国政法大学出版社 1998 年版，第 198 页。转引自程啸：《共同危险行为论》，载《比较法研究》2005 年第 5 期，第 62 页。

更有效地保护受害人与制裁这些危险行为人的角度上说，被告也不能通过能够证明自己并非加害人而免责。[1]

笔者采取肯定说。首先，要求共同危险行为人中的某人能够证明自己根本就不可能导致损害的发生才能免责，意味着对免责的要求非常高，事实上绝大多数人是无法证明此点的，所以担心受害人无法获得补偿是没有必要的。其次，既然共同危险行为主要是基于数人共同参与实施的行为与受害人的损害之间具有潜在的因果关系，才推定所有参与人的行为都与损害具有因果关系，那么当参与人中的一人或者数人能够举证证明其行为与损害之间根本就不存在任何因果关系时，自然就应当免责。最后，我国人民法院的司法实践历来也是采取肯定说。例如，最高人民法院颁布的《关于民事诉讼证据的若干规定》第4条第1款第7项规定："因共同危险行为致人损害的侵权诉讼，由实施危险行为的人就其行为与损害结果之间不存在因果关系承担举证责任。"从此点可以推论，只要实施危险行为的人能够证明自己的行为与损害结果之间不存在因果关系，就能够免除责任。而《人身损害赔偿解释》第4条第2句更是明确地采取了肯定说，该句规定："共同危险行为人能够证明损害后果不是由其行为造成的，不承担赔偿责任"。[2]

---

〔1〕 （台）王伯琦：《民法债编总论》，台湾地区编译馆1997年版，第81页；（台）郑玉波：《民法债编总论》，第168页。转引自程啸：《共同危险行为论》，载《比较法研究》2005年第5期，第63页。

〔2〕 程啸：《共同危险行为论》，载《比较法研究》2005年第5期，第63页。

无论是站在立法论的角度还是解释论的角度，均应当支持肯定说。共同危险行为连带责任的基础在于可能因果关系，故在确定不存在因果关系时，承担连带责任的基础业已丧失，当然应免于承担责任。如果此时仍然要行为人承担连带责任，必须具备其他的正当化基础。[1]

王利明教授认为，反对说更为合理。其主要理由在于：其一，从共同危险行为制度设立的宗旨来看，该制度设立的目的就是为了强化对受害人的保护，如果共同危险行为人都能够证明损害不是其过错造成的，都可以被免责了，那么，受害人怎么办？如果各被告都提出了各种理由证明自己的行为和损害结果之间没有因果关系，那么，危险制造者将可能全体卸责，就没有人对其共同危险行为造成的损害后果负责了，而只能由无辜的受害人承担损害后果，这对受害人来说未免不公。此外，如果将因果关系作为一个免责的事由，由法官对于其抗辩事由的证据证明力自由心证，这就给了法官自由裁量以很大伸缩余地。如此，在司法实务中，因果关系存在与否，悉由法官裁量决定，如果把握稍微缓和，被告都可能证明自己行为与结果之间无因果关系，就可能全体免责。其二，共同危险行为人毕竟实施了共同危险行为，此种危险行为的实施将他人置于一种极有可能遭受损害的危险之中，这表明共同危险行为人是有过错的。在真正的行为人没有发现之前，都应当承担责任。其三，

---

〔1〕 叶金强：《共同危险行为争议问题探析》，载《法学论坛》2012年第2期，第14页。

要求共同危险行为人必须证明谁是真正的行为人并非对共同危险行为人不公平。如果不能证明谁是具体的行为人，则共同危险行为人都应当负责，反过来说，在共同危险行为的情况下，只要有一个人被证明为真正的行为人，其他人就应当被免除责任。或者只要其中一个危险行为人自己承认自己是真正的行为人，也可能免除其他人的责任。此时转化为一般的侵权行为。其四，民事证明理论要求一个"法律真实"。由于行为人距离危险行为更近，而受害人对此往往不太了解，因此，由共同危险行为人来证明谁是真正的行为人，更有利于发现事实真相。如果每一个共同危险行为人能通过证明把自己排除出去，加害行为就没有了，而损害却还客观存在。这在逻辑上难以自圆其说。[1] 从共同危险行为的本质特征上看，由于加害人不明是共同危险行为的基本特征，只有在确定了具体的加害人之后，才能免除共同危险行为人的责任。[2]《侵权责任法》修改了有关司法解释的规定，在抗辩事由方面，以确定具体侵权人为抗辩事由。正如王利明教授所言，"能够确定具体侵权人"是指共同危险行为人必须能够证明谁是真正的行为人，不能仅仅证明自己的行为与损害结果之间没有因果关系而免责。[3]

---

〔1〕 王利明：《共同危险行为若干问题研究》，载《法学杂志》2004 年第 4 期，第 10 页。

〔2〕 王利明：《论共同危险行为中的加害人不明》，载《政治与法律》2010 年第 4 期，第 76 页。

〔3〕 王利明：《论共同危险行为中的加害人不明》，载《政治与法律》2010 年第 4 期，第 76 页。

　　借鉴侵权法上的补充责任制度，共同危险行为人能够证明自己不是实际加害人的，免除其承担连带责任，但若受害人无法从其他连带责任人处完全受偿的，由免除连带责任的加害人承担补充责任。这种制度设计相对于受害人并无改变，但免除了非实际致害人的连带责任，进一步缩小了连带责任的适用范围，更有利于在一定程度上保护行为人的自由。[1]

　　数人危险行为课以连带责任是因为数个行为具有危险性，连带责任的分配是对行为危险性的负面评价，而没有考虑到危险行为与损害后果是否具有因果关系，如此，免责事由也应考虑行为危险性。因果关系免责论考虑的是危险行为与损害后果之间没有因果关系而免责，这样规范则容易背离危险行为负面评价的标准，对行为人来说较易证明，而对受害人不利，且这种免责事由也违背了数人危险行为的主旨——因危险行为而担责并非危险行为与损害后果之间有因果关系。有人称危险行为担责为可能因果关系，笔者认为，可能因果关系也可能没有因果关系，可不可能有因果关系都没有关系。从构成要件角度来说，数人危险行为只考虑到危险行为，而不考虑因果关系。所以部分行为人证明自己的行为与损害后果之间没有因果关系不得对抗受害人，但可以对抗其他危险行为人，适用《侵权责任法》第14条。

---

　　〔1〕　王竹：《再论共同危险行为》，载《福建师范大学学报（哲学社会科学版）》2010年第4期，第145页。

六、数人危险行为在数人侵权责任体系中的定位

按照第 10 条的规定，构成共同危险行为的要件有三：一是行为人为多数，即条文所谓的"二人以上"；二是行为本身具有危险性，即条文所谓的"危及他人人身、财产安全的行为"；三是"不能确定具体加害人"。符合这三项要件，即应成立"共同危险行为"，而由各行为人对受害人承担连带责任。至于究竟属于"共同实施"或者"分别实施"及有无"意思联络"，均不在考虑之列。[1]

数人危险行为是并列与共同侵权行为、分别侵权行为的数人侵权的又一个支线。数人危险行为对应的是个人危险行为，以加害人不明为要件，考察的是行为人客观上具有同时的危险行为；而共同侵权行为和分别侵权行为这组概念考察的是数个行为人主观上的样态。共同侵权和分别侵权对应着共同危险行为，这种划分是以具体侵权人是否明确为标准。共同危险行为以客观行为的可责难性作为归责依据，共同侵权和分别侵权以主观过错的可责难性作为归责依据。

数人侵权行为研究的是数个行为人对同一损害产生责任的行为。包括：共同侵权行为（《侵权责任法》第 8、9 条，行为人主观共同故意）、共同危险行为（第 10 条行为人客观行为关联共同）、分别侵权行为（包括累积因果关系分别侵权第 11 条、

---

〔1〕 梁慧星：《共同危险行为与原因竞合——〈侵权责任法〉第 10 条、第 12 条解读》，载《法学论坛》2010 年第 2 期，第 5 页。

共同因果关系分别侵权第 12 条）。

数人侵权行为按照行为标准可以分为：第一种共同侵权行为（替代责任）和分别侵权行为（自己责任），这种分类是按照行为人主观上是否有意思联络来划分；第二种是数人危险行为和单个危险行为（单个危险行为不具有法律上的特殊考察价值，可不予考虑），这种分类是按照行为人是否具体明确来划分。可以说第 10 条是行为人不具体明确的按份责任，第 12 条是行为人具体明确的按份责任。

数个行为承担不同数人侵权责任的根据在于数个行为客观上是否具有关联性（行为的关联共同）。以此为依据，可划分：行为有关联共同性包括连带责任（各个行为均构成侵权或者法律视为均构成侵权）和不真正连带责任（各个行为非均构成侵权），行为无关联共同性包括补充责任（有顺序的责任）和按份责任（无顺序的责任）。

数人侵权体系按照行为和责任可以形成两条支线：数人侵权行为和数人侵权责任。数人侵权行为按照行为标准可以分为：第一种共同侵权行为（替代责任）和分别侵权行为（自己责任），这种分类是按照行为人主观上是否有意思联络来划分；第二种是共同危险行为和分别危险行为（分别危险行为不具有法律上的特殊价值，可不予考虑），这种分类是按照行为人行为是否具有共同性来划分，我们还可以进一步将共同危险行为分为具体侵权人明确的（自己责任）和具体侵权人不明确的（替代责任）。数人侵权按照责任标准，可以划分为：第一种自己责任，包括连带责任与不真正连带责任；第二种是替代责任，包括按份责任和补充责任。

数人侵权实际上是以自己责任为原则，以替代责任为法律的特别规定。此外，责任类型与行为类型并非一一对应的关系，有的责任并非是从侵权行为苛责角度考虑，而是从受害人法益特别保护角度考虑。

可分债务和不可分债务是以给付可分与否为划分标准的，但在侵权责任法领域不存在给付，这组概念不应适用于侵权责任法领域。如果将这对概念适用于该法，则该法中的数人侵权体系也就不复存在，因为数人侵权是建立在数个行为造成同一损害后果的情形中，若此情形适用不可分债务，则所有的数人侵权均为不可分债务，且均按照连带责任处理。这样就没有按份责任的适用余地，按份责任与连带责任的划分也将失去意义。但反观《侵权责任法》第12条，我们显然看出了责任的按份承担，为了适应侵权责任法的规定，只有舍弃以给付是否可分为标准的不可分之债，采用以分别侵权行为的按份责任为数人侵权责任的原则性规范和以共同侵权行为的连带责任为数人侵权责任的特殊性规范为《侵权责任法》的数人侵权责任范畴。

第十章

刑事附带民事诉讼赔偿范围研究

摘要： 刑事法律与民事法律在人身损害赔偿范围上存在着很大的差异。附带民事诉讼中，法院认为残疾赔偿金、死亡赔偿金以及精神损害抚慰金并不属于损害赔偿范围。而在民事诉讼中，法院则将其纳入损害赔偿范围之内。根据附带民事诉讼"私权优先，效率优先"的价值理念，应明确附带民事诉讼的实质民事责任性质，支持附带民事诉讼中对残疾赔偿金、死亡赔偿金以及精神损害抚慰金的请求。

关键词： 附带民事诉讼；人身损害赔偿范围；精神损害抚慰金；死亡赔偿金；残疾赔偿金

一、人身损害赔偿范围之刑事法律与民事法律的冲突

根据现行法律规定，人身损害赔偿范围是否包括残疾赔偿金、死亡赔偿金以及精神损害抚慰金，民事法律和刑事法律作出了相反的回应。《中华人民共和国刑法》（以下简称《刑法》）第 36 条确立了民事赔偿优先原则，规定犯罪分子因犯罪行为致使被害人遭受经济损失的，民事赔偿责任优先于刑事罚金和没收财产。[1]《中华人民共和国刑事诉讼法》（以下简称《刑事诉讼法》）第 99 条第 1 款确立了附带民事诉讼的受案范围，规定被害人因被告人的犯罪行为而遭受物质损失的，有权提起附带民事诉讼。[2]《最高人民法院关于适用〈中华人民共和国刑事诉讼法〉的解释》（以下简称《刑诉解释》）第 138 条第 2 款规定，附带民事诉讼的赔偿范围不包括精神损害抚慰金。[3]《刑诉解释》第 155 条第 2 款规定，附带民事诉讼的赔偿范围包括医疗费、护理费、交通费、误工费、残疾辅助器具

---

〔1〕《刑法》第 36 条："由于犯罪行为而使被害人遭受经济损失的，对犯罪分子除依法给予刑事处罚外，并应根据情况判处赔偿经济损失。承担民事赔偿责任的犯罪分子，同时被判处罚金，其财产不足以全部支付的，或者被判处没收财产的，应当先承担对被害人的民事赔偿责任。"

〔2〕《刑事诉讼法》第 99 条第 1 款："被害人由于被告人的犯罪行为而遭受物质损失的，在刑事诉讼过程中，有权提起附带民事诉讼。被害人死亡或者丧失行为能力的，被害人的法定代理人、近亲属有权提起附带民事诉讼。"

〔3〕《刑诉解释》第 138 条第 2 款："因受到犯罪侵犯，提起附带民事诉讼或者单独提起民事诉讼要求赔偿精神损失的，人民法院不予受理。"

费以及丧葬费。[1] 刑事法律体系确立了残疾赔偿金、死亡赔偿金、精神损害抚慰金不在人身损害赔偿范围之列的规则。《中华人民共和国侵权责任法》（以下简称《侵权责任法》）第 22 条规定，遭受严重精神损害的被侵权人有权请求精神损害赔偿金。[2] 《最高人民法院关于审理人身损害赔偿案件适用法律若干问题的解释》（以下简称《人身损害赔偿解释》）第 18 条第 1 款规定，精神损害赔偿权利人请求赔偿精神损害抚慰金适用《最高人民法院关于确定民事侵权精神损害赔偿责任若干问题的解释》。[3] 民事法律体系的规定与刑事法律体系恰好相反，其确立了人身损害赔偿范围应包括残疾赔偿金、死亡赔偿金以及精神损害抚慰金的规则。

刑事法律与民事法律对人身损害赔偿范围的不同规定，导致附带民事诉讼和民事诉讼中法院裁判人身损害赔偿项目时有较大差异。民事诉讼中，法院一般都会支持受害方对残疾赔偿金、死亡赔偿金、精神损害抚慰金的请求。如谢某某与谷某提供劳务者受害责任纠纷一案，原告在执行承揽工作中遭受损害，

---

〔1〕《刑诉解释》第 155 条第 2 款："犯罪行为造成被害人人身损害的，应当赔偿医疗费、护理费、交通费等为治疗和康复支付的合理费用，以及因误工减少的收入。造成被害人残疾的，还应当赔偿残疾生活辅助具费等费用；造成被害人死亡的，还应当赔偿丧葬费等费用。"

〔2〕《侵权责任法》第 22 条："侵害他人人身权益，造成他人严重精神损害的，被侵权人可以请求精神损害赔偿。"

〔3〕《人身损害赔偿解释》第 18 条第 1 款："受害人或者死者近亲属遭受精神损害，赔偿权利人向人民法院请求赔偿精神损害抚慰金的，适用《最高人民法院关于确定民事侵权精神损害赔偿责任若干问题的解释》予以确定。"

其伤势被鉴定为 8 级伤残。法院判决被告按比例承担医疗费、残疾赔偿金、精神损害抚慰金等赔偿责任。[1] 又如余恩惠、李赟、李芊与重庆西南医院医疗损害赔偿纠纷案中，法院也支持了原告对死亡赔偿金的请求。[2] 附带民事诉讼中，法院一般认为残疾赔偿金、死亡赔偿金、精神损害抚慰金不在人身损害赔偿范围之内，不支持原告人的相应诉讼请求。如成正高故意伤害案一审刑事附带民事诉讼中，原告人刘某某、蒋某甲、郭某某、刘某甲、刘某乙因成正高故意伤害致蒋某某死亡，提出赔偿治疗费、丧葬费、交通费、死亡赔偿金、被抚养人生活费、精神损害赔偿金等的诉讼请求。但法院认为死亡赔偿金、精神损害抚慰金、被抚养人生活费的诉讼请求没有法律依据，不支持原告人的该项请求。[3]

二、对附带民事诉讼人身损害赔偿范围的质疑

（一）附带民事诉讼人身损害赔偿范围之理由

最高人民法院认为附带民事诉讼中，不支持残疾赔偿金、死亡赔偿金、精神抚慰金的理由主要有以下六点。

1. 执行难

"将死亡赔偿金、残疾赔偿金纳入附带民事赔偿范围，导致

---

〔1〕 湖南省耒阳市人民法院（2016）湘 0481 民初 1068 号民事判决书。

〔2〕 最高人民法院（2013）民抗字第 55 号民事判决书。

〔3〕 湖南省株洲市中级人民法院（2014）株中法刑一初字第 6 号刑事附带民事判决书。

空判现象突出，缠讼、闹访普遍，严重影响案件裁判的法律与社会效果……据调研，凡套用民事标准，将残疾赔偿金、死亡赔偿金纳入赔偿范围的，赔偿到位率都极低。"[1] "虚高的赔偿数额不仅起不到维护受害人合法利益的作用，反而会导致判决不能执行进而影响司法的权威性和严肃性。"[2]

2. 双重责任的限制

附带民事诉讼中，被告人已承担刑事责任，无需再承担过重的民事责任。"判决被告人承担刑事责任，既是对犯罪的惩处、重新犯罪的预防，也是对被害方抚慰、救济的主要方式。以故意杀人案件为例，如判处被告人死刑，实已让其'以命抵命'，显然不应再要求其作出与单纯民事案件相同的精神损害赔偿，否则势必存在双重处罚的问题。"[3] "国家刑罚已经给予犯罪人行为否定性评价，换句话说，被告人已经就自己的犯罪行为向国家做了赔偿，如果再要求他们向被害人赔偿精神损失，则属于刑罚上的重复评价。"[4]

3. 刑事救助金与民事赔偿金差距过大，刑事救助将无法开展

"根据《关于开展刑事被害人救助工作的若干意见》，对刑

---

〔1〕 最高人民法院研究室编著：《〈最高人民法院关于适用《中华人民共和国刑事诉讼法》的解释〉理解与适用》，中国法制出版社 2013 年版，第 161 页。

〔2〕 樊崇义主编：《〈最高人民法院关于适用《中华人民共和国刑事诉讼法》的解释〉释义及实用指南》，中国民主法制出版社 2013 年版，第 250 页。

〔3〕 最高人民法院研究室编著：《〈最高人民法院关于适用《中华人民共和国刑事诉讼法》的解释〉理解与适用》，中国法制出版社 2013 年版，第 161 页。

〔4〕 刘方：《刑事诉讼法适用重点难点问题详解》，法律出版社 2014 年版，第 324 页。

事被害人的救助金额一般至多为 3 万元。如将死亡赔偿金、残疾赔偿金也纳入附带民事诉讼赔偿范围，两者相差悬殊，救助工作无法发挥其实际作用。"[1]

4. 正确解读侵权责任法的规定

"《侵权责任法》第 4 条和第 5 条应优先适用第 5 条，《刑事诉讼法》作为其他法律，属于对侵权责任另有特别规定的情形，应适用《刑事诉讼法》的规定。犯罪是严重的、特殊的侵权行为，刑法和刑事诉讼法是专门规定这种侵权行为的基本法。显然，处理犯罪行为的赔偿问题，应当优先适用刑法和刑事诉讼法，而不应当适用主要规定民事侵权的侵权责任法。"[2]

5. 被扶养人生活费不应纳入人身损害赔偿范围

"若将被扶养人生活费纳入判赔范围，则当前附带民事诉讼所存在的判赔数额虚高、空判现象普遍、缠讼闹访突出等严重影响社会矛盾化解、影响宽严相济刑事政策贯彻的问题仍将不能有效解决。"[3]

6. 人身损害赔偿不包括间接物质损失

《刑事诉讼法》规定的物质损失，是指被告人的犯罪行为侵犯被害人的人身权利或者财产权利而给被害人造成的直接损失，

---

[1] 最高人民法院研究室编著：《〈最高人民法院关于适用《中华人民共和国刑事诉讼法》的解释〉理解与适用》，中国法制出版社 2013 年版，第 162 页。

[2] 最高人民法院研究室编著：《〈最高人民法院关于适用《中华人民共和国刑事诉讼法》的解释〉理解与适用》，中国法制出版社 2013 年版，第 162 页。

[3] 最高人民法院研究室编著：《〈最高人民法院关于适用《中华人民共和国刑事诉讼法》的解释〉理解与适用》，中国法制出版社 2013 年版，第 163 页。

是受害人实际遭受的损失和必然遭受的损失，不包括间接损失。[1]"在衡量物质损失并决定给予赔偿时，一般要划清直接物质损失和间接物质损失两种形态。直接物质损失是指因加害行为而导致被害人直接经济利益的减少；间接物质损失则是指因加害行为的影响，被害人未来可得经济利益将会减少，如劳动报酬、其他正常收入等。对于直接物质损失，依法应当给予赔偿；而对于间接物质损失，只有特殊情况下才会考虑赔偿问题。当直接经济损失没有赔偿或者不便计算，方才可以考虑对间接经济损失给予赔偿；或是因加害人行为造成被害人间接经济损失巨大，考虑到社会影响等因素，法院在判决时也可以酌情考虑间接经济损失的赔偿问题。"[2]

（二）对附带民事诉讼范围之理由的质疑

附带民事诉讼与民事诉讼中对人身损害赔偿项目的不同规定，导致司法实践中对犯罪行为和民事侵权行为造成的损害赔偿裁判不一，严重侵害了司法的统一性。针对上述最高人民法院排除残疾赔偿金、死亡赔偿金、精神损害抚慰金的理由提出以下六点质疑：

---

〔1〕　樊崇义主编：《〈最高人民法院关于适用《中华人民共和国刑事诉讼法》的解释〉释义及实用指南》，中国民主法制出版社 2013 年版，第 250 页。

〔2〕　刘方：《刑事诉讼法适用重点难点问题详解》，法律出版社 2014 年版，第 325 页。

1. 执行和判决是诉讼中的两个不同阶段，法院工作的权威性和严肃性与执行的难易程度无关，死亡赔偿金、残疾赔偿金是对受害人未来预期获得的利益进行填补，不能被排除在赔偿范围之外

首先，判决是法院根据法律规定，进行三段论推导，得出裁判结果的过程，解决的是权利有无的法律问题。而执行则是债权人依据生效法律文书内容向法院提出申请，由法院强制债务人履行的过程，解决的是权利能否得以实现的事实问题。虽然判决是执行的基础，但决不能反过来，不能因为执行难影响判决的结果。其次，若是法院判决本身公平、公正，当事人自然信任法律，服从法院判决，维护司法权威性和严肃性。若是法院判决本身就不公平、不公正，当事人自然不信任法律，不服从法院判决，不维护司法权威性和严肃性。曾有学者就提出解决执行难的核心问题是要提高审判质量，要求判决结果的合法性和公正性。[1] 将死亡赔偿金、残疾赔偿金以及精神损害抚慰金排除在赔偿范围之外，无疑是不公平、不公正的判决，不仅没有维护反而损害了司法的权威性和严肃性。最后，"当法律和一般民众的实际行为有落差时，压抑已久的积怨，就会像山洪般地宣泄而出。"[2] 受害人本应预期得到的利益，因犯罪行为的发生而丧失，犯罪分子理应对其进行赔偿。若法律将其排

---

〔1〕 寇志霞：《"执行难"的原因与对策》，载《河北法学》2012年第3期，第149页。

〔2〕 熊秉元：《正义的成本》，东方出版社2014年版，第2页。

除在赔偿范围之外，必然会导致受害方宣泄压抑已久的积怨，严重侵害了社会效果与法律效果的统一。并且死亡赔偿金、残疾赔偿金保护的是受害人被扶养对象的生活来源，法律理应对受害人被扶养人生活来源进行保障。

执行难的问题固然存在，若仅因执行难而牺牲被害方的权利，显然是治水用堵的做法，不仅不能维护司法权威性和严肃性，还会造成更大的洪涝灾害。

2. 刑事责任与民事责任具有不同的性质、法律功能和社会效果

"从实体方面看，附带民事诉讼是一种由犯罪嫌疑人、被告人的同一行为引起损害赔偿的民事诉讼，这一行为在刑法语境下为犯罪行为，承担的是刑事责任；而在民事法语境下却为民事侵权行为，承担的是民事侵权责任。"[1] 刑事责任不是对受害方抚慰、救济的主要方式，其不能达到民事责任填补受害方损失和尽量减少受害方精神创伤的效果。二者并存，不是双重处罚。首先，刑事处罚是刑事案件被告人对国家的责任，是公法上的责任；民事赔偿是附带民事诉讼被告人对受害人的赔偿，是私法上的责任，二者性质不同。其次，刑事责任重在惩罚犯罪和预防犯罪。民事赔偿责任则重在填平损害，不具有惩罚性，更不具有预防犯罪的功能。二者法律功能和社会效果不同。最后，"以命抵命"并不能弥补受害方经济上的损失和精神上的伤

---

〔1〕 陈卫东主编：《刑事诉讼制度论》，中国法制出版社 2011 年版，第 200 页。

害。即使给予被害方一定的精神损害赔偿，也只是说减轻和缓解了被害方的精神创伤，要想利用刑罚和经济赔偿去完全"抵除"犯罪行为带来的身体、经济和精神损害是不可能的，更不用说连受害人预期的经济损失和精神损害赔偿都不予支持。并且最高人民法院也承认："除被告人确有赔偿能力的以外，原则上不应将死亡赔偿金、残疾赔偿金纳入判决赔偿的范围。"[1]换句话说，最高人民法院在被告人有赔偿能力的情况下，支持残疾赔偿金和死亡赔偿金的请求。

上述对双重责任限制的理由，坚持了重刑主义，坚持刑事责任重于民事责任的理念。法治社会下，公民的私人权利是首先需要保护的问题，重视对私权的保护就是重视对人的尊重，私权较公权的实现更应优先。按照《侵权责任法》第4条规定，侵权人因同一行为应当承担行政责任或者刑事责任的，不影响依法承担侵权责任。附带民事诉讼的赔偿范围显然与侵权责任法的精神相违背，牺牲了因犯罪行为而遭受损害的被害人的合法合理利益。

3. 刑事救助与附带民事诉讼赔偿是两个不同的概念，其具有不同的性质，不能够将二者混为一谈

刑事救助是国家对受害方的抚慰和保障，具有公共性；附带民事诉讼的赔偿是加害方对受害方遭受的损害的赔偿，具有私权性。《关于开展刑事被害人救助工作的若干意见》对刑事附

---

〔1〕 最高人民法院研究室编著：《〈最高人民法院关于适用《中华人民共和国刑事诉讼法》的解释〉理解与适用》，中国法制出版社 2013 年版，第 160 页。

带民事诉讼的赔偿范围不具有参考性。

4. 对侵权责任法解读错误

《侵权责任法》第 4 条第 1 款明确规定，侵权人因同一行为应当承担行政责任或者刑事责任的，不影响依法承担侵权责任。也就是说，对人身损害赔偿范围的规定应优先适用侵权责任法。

5. 用不判赔被扶养人生活费来解决宽严相济刑事政策的贯彻显然是不切实际的

如果被告人仅承担民事责任，被扶养人生活费需要赔偿；如果被告人是因为犯罪行为侵权上升到刑事责任，则不需要承担被扶养人生活费。这里存在的悖论就是：被告人的侵权行为越恶劣（上升到刑事责任），受害人获得的赔偿越少。因犯罪行为遭受损害的受害方不仅要承受精神和身体上的痛苦，还要承受无生活来源或是生活来源减少的风险。

6. 不应区分直接物质损失和间接物质损失

"所谓物质损失，是相对于精神损失而言的，指可以用金钱计算的损失。"[1] 残疾赔偿金、死亡赔偿金也属于物质损失。首先，从法条字面意思理解，没有这两种损失的区分，只有物质损失和精神损失之分。其次，劳动报酬、其他正常收入等虽是未来预期的经济利益，但却是因犯罪行为直接导致减少的。并且，这些预期利益是被害方的生活来源，被害方因犯罪行为导致减少的生活来源，加害人应该赔偿。残疾赔偿金、死亡赔

---

[1] 陈光中主编：《〈中华人民共和国刑事诉讼法修改条文〉释义与点评》，人民法院出版社 2012 年版，第 177 页。

偿金（包括被扶养人生活费）都属于被害方必然遭受的损失。最后，一般来说，直接经济损失较于间接经济损失更为方便计算，若是直接经济损失都无法计算，那么间接经济损失也可能会出现相同状况。只有加害人行为造成被害人间接经济损失巨大，且考虑到社会影响等因素才予以赔偿，不免对间接损失非巨大的被害人极其不公平。并且，不赔偿间接损失加大了被害方的生活经济压力，必然会产生不利的社会影响。还有，损失巨大并没有一个具体的考量标准，极易造成司法裁判不统一。

三、确定附带民事诉讼人身损害赔偿的范围

司法实践中，残疾赔偿金、死亡赔偿金是否包含精神损害赔偿，是否包括被扶养人生活费等问题，都存在较大争议。附带民事诉讼中，法院并不支持受害人近亲属提出精神损害赔偿请求。但交通事故又被排除在外，这种不统一的规则是极其不合理的。一方面，交通肇事罪中依照民事规则进行赔偿，很重要的原因是有强制责任保险，具备赔偿能力，其他情形推定为不具赔偿能力不予赔偿，这种以犯罪人的赔偿能力为区分标准的做法是严重错误的；另一方面，交通肇事罪作为过失犯罪尚需进行赔偿，而故意犯罪则不赔，是明显违背比例原则的。[1]

（一）附带民事诉讼的实质民事性质

附带民事诉讼的性质有两种观点，一是主张附带民事诉讼

---

[1] 详见谭启平教授在 2016 年民法学年会上所作的主题报告。

与民事诉讼地位相当，其实质是民事侵权之诉，实际上是解决加害方的民事责任问题。[1] 二是主张以刑事诉讼为主，民事部分依附于刑事部分。[2] 笔者赞同第一种观点，刑事附带民事诉讼，解决的是民事部分的问题，是对民事权利义务进行确定的一个过程。根据刑事附带民事诉讼"私权优先和效率优先"的价值理念，"私权优先"指刑事附带民事诉讼应首先考虑如何赔偿被害人遭受的损失，并且依据民事法律规定，对其进行赔偿。"效率优先"指避免被害人对民事部分另行起诉和法院对同一案件重复审判，对刑事部分和民事部分一同审理。刑事附带民事诉讼并不具刑事性质，其不依附于刑事诉讼。还有学者通过以哲学和法理学的视角对刑事附带民事诉讼的内在机理进行审视，认为其是完整的民事责任，附带民事诉讼与民事完全相同。[3] 也有学者按照刑事附带民事诉讼一般理论去解读附带的民事诉讼具有实体上的独立性，指出附带民事诉讼处理的是具有严重侵权性质的犯罪行为造成的损害赔偿问题，刑事法律在对附带民事诉讼实体问题的规定上应当与民事法律法规相一致。[4]

---

〔1〕　袁明、崔四星：《刑事附带民事诉讼问题探讨》，载《法律适用》2005 年第 9 期，第 76 页。

〔2〕　袁明、崔四星：《刑事附带民事诉讼问题探讨》，载《法律适用》2005 年第 9 期，第 76 页。

〔3〕　牛传勇：《刑事附带民事诉讼的内在机理探析——哲学和法理学视角对赔偿范围之审视》，载《理论学刊》2014 年第 7 期，第 108 页。

〔4〕　陈卫东主编：《刑事诉讼制度论》，中国法制出版社 2011 年版，第 211 页。

（二）统一刑事法律与民事法律关于人身损害赔偿的规定

刑事法庭对刑事领域案件更为专业，相对比较缺乏民事审判经验，处理附带民事赔偿问题时，为了准确地定罪、量刑，会查清一部分损害事实，但不会查清全部损害事实。为了诉讼效率，对附带民事赔偿问题也只能尽量简单处理，若对其要求过高，会影响到刑事案件的审结。附带民事诉讼必定不像民事诉讼那样会得到充分救济。[1]

附带民事诉讼对犯罪行为造成损害的赔偿范围应与民事诉讼的赔偿范围相一致，附带民事诉讼解决的是受害人损失填补问题，若仅因刑事法庭缺乏民事审判的经验去限制受害人获得赔偿的权利是不合理的，不能为了减少刑事案件审结期限而不去查清全部损害事实，这有违公平原则。并且，犯罪行为较民事侵权行为具有更严重的危害性。附带民事诉讼不能像民事诉讼那样得到充分的救济，使得赔偿犯罪行为造成的损害相对于赔偿民事侵权行为造成的损害数额更低，不仅不利于控制犯罪，反而助长了犯罪。虽然，附带民事诉讼规定在刑事诉讼法中，体现的是诉讼经济原则，但诉讼经济不能损害诉讼公平，程序上的公平体现在程序法上，实体上的公平应当体现在实体法上。附带民事诉讼的程序性问题应当按照刑事诉讼法解决，而实体性问题应当按照民事实体法来解决。

"为全面追究行为人的法律责任，并为民事、刑事法律之间

---

[1] 康玉梅：《刑事附带民事诉讼的赔偿范围探讨》，载《湖北社会科学》2012年第4期，第161页。

的协调考虑，理应将附带民事诉讼的请求范围扩大到精神损害赔偿。"[1] 陈光中教授主编的《中华人民共和国刑事诉讼法再修改专家建议稿与论证》第 139 条第 1 款建议规定：由于犯罪嫌疑人、被告人被指控为犯罪的行为而遭受损失的个人或单位，在刑事诉讼过程中，有权提起附带民事诉讼，要求犯罪嫌疑人、被告人及其他依法应负赔偿责任的人赔偿损失。[2] 这里的损失包括物质损失和精神损失。他们的解释是：附带民事诉讼中赔偿被害人的精神损失是公平、正义原则的要求，有利于保障公民合法权益，也有利于节省司法资源，并可以避免被害人与犯罪分子非法"私了"，同时也符合国际立法惯例。[3]

1. 承担民事责任和刑事责任的顺序

民事责任和刑事责任的顺序问题是"权利本位"和"权力本位"的竞争。在"权力本位"之下，犯罪嫌疑人对国家的公法责任优于对受害人的私法责任；而在"权利本位"之下，私法责任优于公法责任。侵犯人身权利而引起犯罪的行为首先成立侵权责任。只有侵权责任成立，才有可能成立刑事责任。被告人承担刑事责任不能抵销民事责任，刑事责任具有惩罚性，而民事责任具有填平性。类比惩罚性赔偿，只有先考虑填平责

---

〔1〕　陈光中主编：《〈中华人民共和国刑事诉讼法修改条文〉释义与点评》，人民法院出版社 2012 年版，第 178 页。

〔2〕　陈光中主编：《中华人民共和国刑事诉讼法再修改专家建议稿与论证》，中国法制出版社 2006 年版，第 82 页。

〔3〕　陈光中主编：《中华人民共和国刑事诉讼法再修改专家建议稿与论证》，中国法制出版社 2006 年版，第 397 页。

任，在此基础之上才可能上升至惩罚性责任。相同地，只有承担了民事责任，才可以用来抵销（刑法上的减轻）刑事责任。也就是说，在民事责任和刑事责任承担上，逻辑顺序应当是民事责任优先。

2. 物质损失应当包括残疾赔偿金和死亡赔偿金

附带民事诉讼中确立了对受害人物质损失进行赔偿的原则，物质损失仅限于实际损失和必然遭受的损失，这样的赔偿范围已经能满足绝大部分受害人的基本赔偿请求。大多数人都认可实际损失是已经存在的财产利益的减损，包括医疗费、营养费、护理费、交通费等费用。但必然遭受的损失，有的学者认为其不应包括间接损失，如劳动收入以及加班费等。间接损失通过努力才能获得，无法计算，也无法衡量。为了诉讼效率和裁判公正，应仅考虑已遭受的直接损失和今后确定能够得到的利益。这样，不仅范围简单明了，技术上更容易操作，也给予了受害人最低限度的赔偿保障。[1] 这种将间接损失排除在赔偿范围之外的观点是值得商榷的，通过努力能获得的间接利益损失是受害方的合法合理的预期收入，是因犯罪行为才导致该预期收入减少的。预期的经济利益根据受害人的现有工作能力、现有经济收入、年龄、身体状况等因素，是可以衡量的。虽然各法院的衡量结果不能做到完全相同，但差异都在合理范围之内，不会出现裁判不公的情形。这个预估过程并不复杂，不会影响诉

---

〔1〕 康玉梅：《刑事附带民事诉讼的赔偿范围探讨》，载《湖北社会科学》2012 年第 4 期，第 161 页。

讼效率。并且，仅对直接损失和确定得到的利益进行赔偿，无法保障受害方的生活经济来源，不利于对受害方的保护。特别是当受害人的劳动是家庭主要经济来源时，若因犯罪行为受害人无法再继续劳动，加害人仅对其直接损失和确定得到的利益进行赔偿，不对其预期应获得的劳动收入进行赔偿，往往会加重受害方的生活负担，达不到给予受害方最低限度赔偿保障的目标。残疾赔偿金、死亡赔偿金是对受害人预期应得的利益进行填补，也是对受害方生活来源的保障，其应该包含在附带民事诉讼的赔偿范围之内。

同时，运用体系解释去解读《侵权责任法》第16—22条，可以看出残疾赔偿金和死亡赔偿金的法律属性是物质损害赔偿，且不区分直接物质损失和间接物质损失。"只要被害人的物质损失与被告人的犯罪行为之间存在刑法上的因果关系，亦即两者之间具有一种内在的、必然的联系，就应当予以赔偿。具体地说，只要是因犯罪行为而必然遭受的损失，包括预期利益，如因损害而减少的误工收入、劳动收入、被扶养人生活费等，应当在赔偿范围之内。"[1] 不过，现行侵权责任法并没有规定残疾赔偿金、死亡赔偿金的计算方法，也没有对残疾赔偿金、死亡赔偿金是否包含被扶养人生活费进行说明。在未来民法典编纂中，应对相关问题进行梳理、整合，设立相关规则。[2]

---

〔1〕 张志平：《论刑事附带民事诉讼的损失赔偿》，载《法学杂志》2002年第4期，第59页。

〔2〕 详见谭启平教授在2016年民法学年会上所作的主题报告。

3. 损害赔偿范围应包括精神损害

有学者提出，在一个程序里不能解决所有的问题，附带民事诉讼不应支持精神损害赔偿。并且，民事诉讼领域中，对精神损害赔偿也没有具体的认定方法和标准。法院需要综合考虑侵权人的过错程度、经济承担能力、损害与侵权行为之间的因果关系等，方能确定精神损害的赔偿数额。这个过程非常复杂，要求有较高的民事审判水平，无法实现有效的公平。当事人要想获得充分的救济，应另行提起民事诉讼。[1]

侵权责任法规定，民事侵权行为造成被害方严重精神损害的，应给予精神损害赔偿。刑事犯罪行为作为一种比民事侵权行为更严重的犯罪行为，对被害方的精神打击远远重于民事侵权行为带来的精神创伤，更应将精神损害抚慰金纳入损害赔偿范围内。并且，精神损害抚慰金并不能完全填补受害方的精神创伤，只是尽可能地利用经济赔偿去缓解被害方的痛苦。不过，有学者认为在现阶段，附带民事诉讼的请求范围只限于被告人犯罪行为所造成的物质损失。若被告人的犯罪行为给被害人造成精神方面严重损害的，被害人可以选择不提起刑事附带民事诉讼，而是在刑事诉讼进行完毕、被告人的刑事责任被确定以后，向人民法院提起独立的民事诉讼，要求被告人对被害人的

---

〔1〕 康玉梅：《刑事附带民事诉讼的赔偿范围探讨》，载《湖北社会科学》2012 年第 4 期，第 162 页。

精神损害进行赔偿。[1] 再行提起民事诉讼增加了当事人和法院的负担，与附带民事诉讼的效率理念不符。因此，应直接将精神损害抚慰金纳入附带民事诉讼损害赔偿范围之内。

四、结论

刑事法律将残疾赔偿金、死亡赔偿金、精神损害抚慰金排除在人身损害赔偿范围之内，导致附带民事诉讼的赔偿数额远远少于民事侵权的赔偿数额，大大减轻了犯罪分子对其犯罪行为承担的民事责任，与公平正义理念相违背。从法经济学角度分析："罪犯的犯罪预期成本定义为惩罚的可能性和惩罚力度两者的乘积。最有效率控制犯罪的方法就是：在对犯罪分子的检察和起诉上投入很少，但是一旦查处将处以严厉的罚金。"[2] 也就是说，在惩罚可能性不变的情况下，惩罚力度越大，犯罪成本越高，可以有效地控制犯罪率。这样，既实现了刑事责任的惩罚性功能，又实现了民事责任的赔偿性功能，达到了社会效果与法律效果的统一。

---

〔1〕　龙宗智、杨建广主编：《刑事诉讼法》，高等教育出版社 2012 年版，第231 页。

〔2〕　〔美〕罗伯特·考特、托马斯·尤伦：《法和经济学》，史晋川等译，格致出版社 2012 年版，第 5 页。

第十一章

用人者责任的归责原则研究

摘要：用人者责任的归责原则是决定用人者能否向其雇员行使追偿权的基础。综合考虑用人者、雇员、受害人三方的利益，用人者责任应采无过错责任，且属于无过错的替代责任。用人者承担赔偿责任后，可以向有故意或重大过失的雇员追偿。

关键词：用人者责任；无过错责任；过错推定责任；过错与衡平相结合；追偿权

一、用人者责任的现行立法体例

（一）现行立法之肯定

《中华人民共和国侵权责任法》（以下简称《侵权责任法》）第34条第1款规定，工作人员因执行工作任务造成他人损害的，由用人单位承担侵权责任。第34条第2款根据风险理论和控制风险原则的要求，规定由实际控制劳动一方，控制风险。被派遣的工作人员因执行工作任务造成他人损害，由实际用工者，即接受劳务派遣一方承担侵权责任。第35条规定，个人劳务关系中，因劳务造成他人损害，由接受劳务方承担侵权责任。上述规定统一了《最高人民法院关于审理人身损害赔偿案件适用法律若干问题的解释》（以下简称《人赔司法解释》）中以用工形式区分不同的用人者责任，法人或其他组织对其法定代表人、负责人以及工作人员执行职务造成的损害承担责任；私人企业、个人合伙等的雇主对其雇员从事雇佣活动造成的损害承担责任，雇员有故意或者重大过失的，与雇主一同承担连带责任。《人赔司法解释》规定承担用人者责任的前提条件是工作人员或雇员在执行职务中、从事雇佣活动中造成他人损害。《侵权责任法》在此基础上，限制了承担用人者责任的前提条件。规定仅在工作人员或雇员因执行工作任务、劳务造成他人损害，用人者才承担责任。弥补了《人赔司法解释》对承担用人者责任的前提条件过于宽泛的缺陷，缩小了用人者责任的适用范围。

（二）现行立法之不足

《侵权责任法》第34条没有对用人单位及工作人员的范围进行具体说明。大多数学者都支持，用人单位的范围包括企业、事业单位、国家机关、社会团体、个体工商户、其他组织。但工作人员的范围除了正式员工、临时工之外，是否包括实习生；用人者承担侵权责任后，是否可以向工作人员或者雇员追偿等这些问题有较大争议。《侵权责任法》第35条仅规定个人劳务关系中的责任，大多数学者认可立法者将家庭雇佣保姆、教师等行为属于个人劳务关系。但对按照雇主指示，对家庭所在的房子进行装修的行为是否属于个人劳务关系，有学者提出反对意见。家庭装修属于承揽合同关系，而不是雇佣关系。[1]

二、用人者责任归责原则之理论争议

（一）替代责任与自己责任之争

替代责任与自己责任相对，替代责任是侵权行为人与责任人相脱离的责任，承担赔偿义务的责任人与加害行为人产生分离。自己责任中，由侵权行为人自己对其加害行为负责，自己是赔偿义务人。大多数人支持用人者责任是一种替代责任，是用人者的雇员因执行职务或劳务造成他人损害，由用人者承担侵权责任，用人者是赔偿义务人。但也有学者持不同观点，其按照过错责任体系，用人者是因为自身对工作人员或雇员的选任有错误，其应承担工作人员或雇员执行职务或劳务带来的侵权责任，是一种自己责任。按照无过错责任体系，依据利益与风险说，用人者获得工作人员或雇员带来的利益，应承担相应不利益的风险，也是一种自己责任。[2] 也有学者指出，替代责

---

〔1〕 潘杰：《〈侵权责任法〉上用人者责任制度的司法适用——立法与司法解释的比较与适用衔接》，载《法律适用》2012年第2期，第89页。

〔2〕 李志强：《论雇员职务侵权的责任承担》，载《天津大学学报》2017年第4期。

任的前提是雇员侵权责任成立，当雇员无责任能力或被免责的情况下，雇主则不承担责任，这解决不了现代企业的加害行为愈发复杂的现实情况。过分强调雇主责任的"替代性"，与劳动者解放的潮流背道而驰。[1] 除了上述两种观点外，有学者指出，用人者责任应是替代责任与自己责任共存的责任。[2]

（二）过错推定责任、无过错责任、过错与衡平责任相结合之争

根据现行立法，用人者责任包括用人单位责任、劳务派遣单位和用工单位责任以及个人劳务关系中的责任。用人者责任的归责原则，主要有三种立法体例：过错推定责任、无过错责任、过错与衡平责任相结合。[3] 用人者责任归责原则的争议主要集中于过错推定责任和无过错责任的较量。过错推定责任属于过错责任，考察行为人主观过错，即用人者主观过错，或者说主观可谴责性、主观不可原宥性；无过错责任与过错责任相对，无论行为人主观上是否存在过错，只要符合行为人侵权行为与受害人损害后果之间存有因果关系，就应当承担责任。过错推定责任和无过错责任之争关键在于用人者主观过错对用人者责任成立的影响是否足以影响立法对归责的确立。过错推定

---

〔1〕 班天可：《雇主责任的归责原则与劳动者解放》，载《法学研究》2012 年第 3 期。

〔2〕 刘士国：《侵权行为法重大疑难问题研究》，中国法制出版社 2003 年版，第 175 页。

〔3〕 全国人大常委会法制工作委员会民法室编：《侵权责任法立法背景与观点全集》，法律出版社 2010 年版，第 572 页。

原则对于用人者而言相对有利，对受害人而言相对不利；无过错责任对于用人者而言相对不利，对受害人而言相对有利。如何在两者之间寻求平衡，是侵权责任法立法的重要艺术体现。立法者通过对发生在侵权的双方当事人之间的各种利益进行表达、争论、协调和平衡，制定出更具有正义性的法律原则、制度和规范，以调整侵权案件当事人之间的财产和人身关系，同时实现人们的一般行为自由与受害人民事权益保护的宏观平衡，实现侵权个案中当事人之间微观的财产利益之平衡。[1]

1. 过错推定责任之理由

过错推定责任是过错责任的一种特殊形式，其本质仍然是过错责任。过错责任认为用人者之所以要对其工作人员或者雇员因职务造成的损害承担责任，是因为用人者在对其工作人员或是雇员的选任、监督等活动上有过错，没有达到应有的注意义务。过错推定责任要求用人者举证证明其在对工作人员或雇员的选任、监督等活动上已尽到注意义务；否则将会推定用人者有过错，应承担用人者责任。这里的过错仅指用人者的过错，不考虑加害人对加害行为的过错。[2]《德国民法典》第 831 条规定"雇佣人对于在任命受雇人时，并在其应提供设备和工具器械或者应当监督事务的执行时，对装备和监督已尽必要注意，

---

〔1〕 张新宝：《侵权责任法立法研究》，中国人民大学出版社 2009 年版，第 1 页。

〔2〕 李汶溪：《论雇主责任的归责原则》，载《郑州大学学报（哲学社会科学版）》2011 年第 4 期，第 58 页。

或者即使已尽必要注意仍难免发生损害的，不发生赔偿义务"，
德国法上采此种归责原则，认为责任的根源仍是用人者自身的
行为有过错。

杨立新教授认为，用人者责任不适用无过错责任，而是适
用过错推定责任。用人者责任适用无过错责任原则法律无明文
规定，并且不利于保护用人单位的合法权益和经济发展，还会
恶化工作人员怠惰的习惯。过错推定责任的适用，不仅可以更
好地保护受害人的合法利益，还可以兼顾用人单位的权益保护
与经济发展。用人者责任适用过错推定责任要求实行举证责任
倒置，由用人者举证证明其已尽到选任、监督等的注意义务，
没有过错。无须受害人举证证明既而直接推定用人者的过错，
受害人处于有利地位。[1] 焦富民教授认为，用人者责任的归责
原则应是过错推定责任。雇佣关系是用人者责任的前提条件，
用人者责任的归责原则要考虑决定雇佣关系存在的控制义务。
合理控制义务的履行，不会导致雇员因职务行为导致受害人遭
受损害。反之，则可能导致受害人遭受损害。没有履行合理的
控制义务，包括故意与过失，均可以解释为雇主过错。并且，
在实际案件中，雇主没有尽到控制义务或是只要没有满足能够
控制的可能性，均推定雇主有过错。[2] 彭俊良教授认为，雇员
造成受害人损害，应首先假定该侵权行为是雇员在雇主的命令

---

〔1〕　杨立新:《侵权法论（第4版）》，人民法院出版社2011年版，第494页。
〔2〕　焦富民、于雪锋:《论雇主责任过错推定原则的合理性》，载《政法论丛》
2009年第6期。

范围内从事的职务行为。雇员的行为应假定为雇主本身的行为，从而假定雇主存在过错。而雇主只能证明自己没有过错，或是雇员的行为不构成侵权行为，或是不承担侵权责任，雇主才不负赔偿之责；其不能证明的，应承担赔偿责任。[1] 还有学者指出，如果我们一概地适用无过错责任原则，不给雇用人任何申辩的机会，会侵犯雇用人的利益，因保护一方的利益而不能公平对待另一方。[2]

2. 无过错责任之理由

无过错责任多视为一种替代责任，替代责任是英美法和法国法上的思想。英美法上确认用人者责任为无过错责任的基础是报酬理论和风险理论，报酬理论认为，工作人员或雇员执行的职务或劳务给用人者带来了利益，因职务或劳务造成的损害自然由用人者承担。风险理论认为，用人者经营或管理的场所存在着潜在的风险，雇员因职务造成他人损害与其有因果关系，用人者应该对这种风险的发生承担责任。法国法上，通说认为用人者责任是一种危险责任，用人者是雇员的担保人，若雇员的行为造成他人损害，由雇主与雇员共同承担连带责任。[3] 根据现行法律和司法解释，我国用人者责任采无过错责任的归责原则。只要工作人员实施侵权行为造成他人的损害，用人单位

---

〔1〕 彭俊良：《侵权责任法论》，北京大学出版社 2013 年版，第 326 页。

〔2〕 李汶溪：《论雇主责任的归责原则》，载《郑州大学学报（哲学社会科学版）》2011 年第 4 期，第 59 页。

〔3〕 班天可：《雇主责任的归责原则与劳动者解放》，载《法学研究》2012 年第 3 期，第 106 页。

就要承担侵权责任。用人单位不能通过证明自己在选任或者监督方面尽到了相应的义务来免除自己的责任。

王利明教授认为，用人者责任采严格责任归责原则，用工者的严格责任，是就被用工者造成他人损害的责任而言的。只要被用工者在执行职务过程中造成他人损害，无论用工者是否具有过错，都应当对第三人承担赔偿责任。[1] 无过错责任的归责原则是基于保护受害人的利益的目的，而不考虑雇主有无过错。但实际上，我们需要考虑雇员对其加害行为是否有过错，甚至还要考虑受害人的过错。因此，雇主责任仍是以过错为基础，不过比过错责任更为严格。我国雇主责任的归责原则可以借鉴英美法上比过错责任原则更为严格的严格责任，即不论雇主对其雇员的职务致害行为是否有过错，只要雇员侵权造成他人损害且无免责事由，就应承担雇主责任。[2] 实际上，此处的严格责任是一种无过错责任，用人者承担责任不考虑用人者是否有过错。姚辉教授认为，我国《侵权责任法》第34条第1款采无过错责任。因为在采过错责任模式的司法实务中，很少出现用人者可以通过证明其无过错而免责的情况。用人者可以证明其在选任、指示、监督上没有错误来免责，这样的结果与无过错责任模式相符。同时，用人者在选任、指示、监督上的过错，与一般侵权行为中的过错并不相同，后者一般是指行为人

---

〔1〕 王利明：《侵权责任法研究（下卷）》，中国人民大学出版社2016年版。

〔2〕 郑宇：《论雇主责任的归责原则》，载《河南省政法管理干部学院学报》2006年第6期，第112页。

的过错与加害行为之间具有一种直接的连结；而前者与造成他
人损害的侵权行为之间，并没有直接连结关系。用人者责任强
调用人者的过错，目的在于将该项责任仍然维持在过错责任的
框架之内，与一般侵权行为意义上的过错责任不符。[1] 王成教
授则认为，用人者责任应区分用人单位与工作人员的内部关系
和用人单位与第三人的外部关系。内部关系方面，用人者责任
采无过错责任；外部关系方面，根据有关法律规定确定归责原
则。[2] 同时，外部关系方面主要是过错责任原则，一般不可能
是无过错责任原则。在我国法上，雇员自身的行为不可能满足
危险责任的构成要件。危险责任的核心是异常危险活动，责任
人应当是事实上或经济上控制该活动的人。[3] 张玲教授认为，
用人者责任的归责原则根据雇主责任的法理基础，应是无过错
责任。根据报酬与风险一致说，雇主获得了雇员从事雇佣活动
而带来的报酬，其应该承担雇员从事雇佣活动带来的风险。根
据手臂延长说，雇主本应自己亲自处理自己的事务，但雇了雇
员帮助自己处理事务，那么雇员替代了雇主，类似于雇主的另
一自我。根据控制力说，雇主控制着雇员，对雇员进行选任、监

---

[1] 姚辉、梁展欣：《使用人责任相关问题探讨》，载《政法论丛》2010 年第
5 期，第 94 页。
[2] 王成：《侵权责任法（第 2 版）》，北京大学出版社 2014 年版，第 242
页。
[3] 周友军：《侵权法学》，中国人民大学出版社 2011 年版，第 431 页。

督、培训，理应由雇主一方承担雇员因雇佣活动带来的损害。[1]

3. 过错推定与衡平相结合责任之理由

为了限制对用人者责任的适用，有地方采对用人者责任采过错推定与衡平相结合的责任。我国台湾地区现行"民法"第188条规定，如果雇主证明自己已尽到注意义务，其没有过错，不应承担赔偿责任。但为了保障受害人的利益，法院通过衡量双方的经济水平，判定用人者补偿受害人一定的经济损失。[2]我国《侵权责任法》第24条规定了公平责任，但其是否是一种独立的归责原则还有一定争议。

三、用人者责任应以无过错责任为归责原则

（一）过错推定责任之否定

针对上述支持用人者责任采过错推定责任的理由，作以下反驳：

1. 将雇员的职务行为造成他人损害，归结于用人者对雇员的选任、监督有过失，而采过错推定原则

过错责任是侵权人对其加害行为有过错时，应承担的责任。用人者责任中，用人者与加害人是雇佣关系，用人者与受害人是赔偿关系。雇员对其加害行为有过错，但用人者对雇员的加

---

〔1〕 张玲：《劳务派遣中雇主责任的归责原则》，载《人民法院报》2008年4月29日，第005版，第1页。

〔2〕 李汶溪：《论雇主责任的归责原则》，载《郑州大学学报（哲学社会科学版）》2011年第4期，第58页。

害行为却没有直接的过错，这里将加害人的过错与赔偿义务人的过错相混淆，显然，这不是过错责任。并且，雇员是独立的人，有独立的思想，其虽按照用人者的指示执行职务活动，但不能完全被用人者操控，与用人者的思想一致。雇员的侵权行为不能看作是用人者的侵权行为，也不可将雇员的侵权行为归结于用人者对其监督、选任有过错。

2. 为了更好地保护受害人的合法利益和兼顾单位的权益保护与经济发展，而采过错推定原则

过错推定原则只是将举证责任倒置给用人者，若用人者能证明其对雇员的选任、监督等活动已尽注意义务，则不承担用人者责任。无疑，这并没有达到保护受害人合法利益的目的，更像是偏袒了用人者一方。相比之下，无过错责任更能维护受害人的合法利益和兼顾用人者的发展。无过错责任下，用人者承担的是替代责任。一方面，用人者承担无过错责任，不能以已尽注意义务而抗辩受害人的赔偿请求，更能保护受害人的合法利益。另一方面，当雇员对其侵权行为有重大过失或者故意时，用人者可以向雇员进行追偿，可以保障用人者的利益。并且，当雇员非重大过失或者故意时，用人者应承担其经营或管理的场所带来的风险，也符合雇员不承担经营风险的理念，保障了雇员的合法利益。

3. 根据控制理论，而采过错推定原则

控制理论不是用人者责任唯一理论基础，还存在例如风险收益理论、公共政策理论，这些理论基础的结合，形成了完整

的保护受害人利益的理论基础群。并且，根据控制理论也不能必然得出归责原则为控制失灵的过错责任。归责原则体现一定的公共政策性，仅根据控制理论而判定用人者责任应采过错推定原则，这种推断不具有价值唯一性。

4. 将雇员的行为看作是用人者本身的行为，而采过错推定责任

雇员与用人者是两个独立的主体，不能将雇员的行为看作是用人者自身的行为。用人者虽控制和管理着雇员，但因雇员独立的人格与思想，注定了其不可能完全受用人者的操控。特别是雇员对其职务侵权行为有故意或重大过失时，更是不可能将雇员的行为看作是用人者自身的行为。

5. 为了保障用人者的利益，而采过错推定责任

过错推定责任不仅可以保障用人者的利益，甚至有点偏袒用人者的倾向，不利于保护受害人和雇员的利益。而无过错的替代责任支持用人者承担用人者责任后向故意或有重大过失的雇员追偿，可以最大程度地保障用人者利益。同时，也可以最大程度地保障受害人与雇员的利益。为了平衡三方的利益，用人者责任采无过错归责原则无疑是最好的选择。

（二）公平责任之否定

在我国，公平责任是否是一种独立的归责原则颇有争议。如杨立新教授认为，不管是从《侵权责任法》对公平责任规定的位置，还是从公平责任的实际适用来看，公平责任都不能作

为一个独立的归责原则。[1] 同时，在司法实践中，公平责任作为一种兜底条款遭到滥用，应严格限制公平责任的适用。公平责任的理念是对受害人进行适当补偿，其仅在双方对受害人遭受的损害均没有过错时方可适用。而用人者责任中，雇员因职务行为造成他人损害，本就是一种过错责任，不符合适用公平责任的前提。

（三）应采无过错责任原则

要解决用人者责任归责原则之争，就要回到归责原则的功能主义、过错推定和无过错责任两者本质的区别、用人者责任的理论基础。

归责原则解决的问题是：当被使用人对他人的损害构成侵权责任时，用人者是否需要对这种责任承担责任？如果是过错推定，那么只要用人者未尽到选任、管理、监督等注意义务，就应担责；尽到此义务，就可以免责。如果采无过错责任，那么不管用人者是否尽到选任、管理、监督等注意义务，都应承担用人者责任。基于报酬理论和风险理论，用人者责任的实质是一种无过错的替代责任，雇员因执行职务造成他人损害，由用人者替代实际侵权人承担侵权责任。如果采过错推定责任，用人者可以通过证明自身对雇员的选任、管理、监督等活动没有过错而免责。并且，用人者证明自身没有这种过错是比较容易的，不利于保护受害人。而若法律将其规定为无过错的替代

---

〔1〕 杨立新：《侵权责任法》，法律出版社 2010 年版，第 57 页。

责任，支持用人者向有过错或者重大过失的雇员进行追偿，不仅保障了受害人的合法利益，也加强了雇员在职务活动中的安全意识，减少侵权行为的发生。

四、适用无过错责任应注意的问题

（一）用人者责任的前提条件

如前所述，若采无过错责任原则，很容易使人们误认为对用人者归责时，既不考虑用人者有无过错，也不考虑雇员有无过错。应注意的是，用人者承担用人者责任的前提是工作人员或者雇员的行为构成侵权行为，且没有免责事由。而不是只要工作人员或者雇员因执行工作任务或劳务造成他人损害，用人者就要承担责任。因为，用人者责任既然是替代责任，就要以工作人员的加害行为构成侵权为前提，而加害行为是否构成侵权，仍然需要考虑加害行为本身所适用的归责原则。[1]

有学者指出，构成用人者责任须有以下前提：①雇员的职务行为构成侵权。雇员的加害行为构成过错侵权或者无过错侵权，且没有免责事由。②加害行为必须是雇员的职务行为。判定雇员的行为是否是职务行为，有主观说和客观说两个标准。主观说认为，只要雇员的行为是依照雇主的意思，即构成职务行为。或者，只要雇员认为其是在按雇主的意思进行行为即构成职务行为。尤其是当雇主指示不够明确或因情势变更，依照

---

〔1〕　潘杰：《〈侵权责任法〉上使用人责任制度的司法适用》，载《法律适用》2012 年第 2 期，第 90 页。

雇主原意思已无法进行活动,而在适当范围内由雇员自行调整的活动。客观说认为,只要雇员的外观符合一般社会观念上的执行职务,就可判定是职务行为。③双方之间存在劳动关系。[1]

在判定雇员的行为是否构成职务行为时,应参照客观说的标准,只要从一般社会观念上执行职务的外观,即可判定为职务行为。而在用人者与雇员间是否有劳动关系并不是判定用人者承担用人者责任的前提条件,因为在实际情况下,会有许多雇员与多个雇主形成多个雇佣关系,而这在我国劳动合同法上不能成立劳动关系,若是雇员因职务行为侵权,会导致受害人无法依据用人者责任来救济。

(二) 用人者承担责任后的追偿权

《侵权责任法》第34条和第35条并没有明确用人单位承担替代责任后,是否可以向工作人员追偿。《人赔司法解释》也仅是规定在雇员因故意或重大过失致人损害时,雇主与雇员承担连带责任,未规定法人和其他组织的追偿权。

立法者认为《侵权责任法》虽未规定追偿权,但不影响用人单位可以依据法律规定或是双方约定行使追偿权。[2] 大多数学者也支持这种观点,有的学者提出,用人者的追偿权,在其

〔1〕 尹飞:《用人者责任研究》,载《法学杂志》2005 年第 3 期,第 42–43 页。

〔2〕 王胜明主编:《〈中华人民共和国侵权责任法〉条文解释与立法背景》,人民法院出版社 2010 年版,第 135 页。

与工作人员有协议约定时，依照协议。若没有约定时，工作人员对损害的发生有故意或者重大过失时，用人者有权追偿。用人者对损害的发生有过错的，在过错范围内不得向工作人员追偿。同时，工作人员的劳动或是劳务获得的利益归于用人者，应限制追偿权或仅进行适当追偿，追偿权的行使需要考虑工作人员的经济能力。[1]

用人者责任是一种无过错的替代责任，用人者本身对侵权行为并没有过错。支持用人者的追偿权，既符合无过错的替代责任的性质，也可以平衡用人者、雇员、受害人三方的利益，保障了用人者的经济发展。若依照过错推定责任，不支持用人者的追偿权，要求其在选任、管理、监督雇员时，提前预见雇员是否会有侵权行为发生的潜在可能，这是不合理的。用人者在选任时无法预见，尤其是无法预见雇员是否在执行职务中会因故意或者重大过失的侵权行为造成他人损害。在管理、监督时，用人者也无法时刻在雇员身边。当用人者与雇员有约定时，追偿权依照约定行使。但当双方没有约定时，是否需要限制追偿权，或者根据雇员的经济能力行使追偿权的观点是值得商榷的。无论是《人赔司法解释》规定的雇员故意或重大过失情况下的连带责任，还是《侵权责任法》规定用人者的替代责任，都体现了保护受害人和风险控制理论，意在保护受害人损害赔偿权的实现，以及加强用人者对其工作人员的管理和用人者获

---

〔1〕 潘杰：《〈侵权责任法〉上用人者责任制度的司法适用——立法与司法解释的比较与适用衔接》，载《法律适用》2012年第2期，第89页。

得利益。因此，用人者的追偿权应仅在工作人员有故意或者重大过失时，才能行使。工作人员经济能力并不是追偿权是否能够行使的必要条件，经济能力只在保护受害人时须考虑，但既然已规定了替代责任，则无须考虑工作人员的经济能力。并且因故意或重大过失时，其本应对自己的行为承担不利的后果，不能因其经济能力不佳，而免除其义务，而仅由因获取利益的用人者为其承担责任，这是不妥的。

五、总结

无过错的替代责任是最能平衡用人者、雇员、受害人三方利益的归责原则；过错推定责任过于倾向保护用人者利益，偏离了用人者责任的制度价值；公平责任被作为一种兜底条款在司法实践中常常被滥用，应将公平责任的适用前提限制在侵权人对损害的发生没有过错的范围之内。而因雇员自身的性质导致其侵权行为只能是过错责任，由此，用人者责任不适用公平责任归责原则。在无过错的替代责任下，应支持用人者的追偿权，在平衡三方利益的情况下，还可以加强雇员执行职务时的安全意识，减少损害的发生。

第十二章

"承租的集体租赁住房不得转租"
之正当性考辨

摘要：集体建设用地建设租赁住房法律上会遇到刚性障碍，但可通过租赁住房的公共属性而削弱滞后法律之制掣。承租的集体租赁住房不得转租规则突破《合同法》相关规定，限制承租人的转租权和出租人的转租同意权，其正当性受到质疑；不得转租规则宜解释为管理性强制规范，原则上转租行为有效，但房子是用来住的，不是用来炒的，为了防止《利用集体建设用地建设租赁住房试点方案》政策目标落空，根据禁易规则相关理论结合公共利益，宜慎重把握其强制效力，可径行判定转租行为无效。

关键词：集体建设用地租赁住房；不得转租规则；正当性；公共性；禁易规则

一、《利用集体建设用地建设租赁住房试点方案》的政策导向

我国的社会房建设主要通过经济适用房、廉租房、公租房、棚户区改造等途径解决，在土地资源稀缺的环境约束下，单纯依靠政府无偿供给土地、财政支付的住房保障政策是不可持续的。[1] 并且由于政府资金问题，社会保障房建设并不顺利，为此，必须探索多渠道住房保障途径。[2] 2017 年 8 月国土资源部和住房城乡建设部联合发布《利用集体建设用地建设租赁住房试点方案》（国土资发〔2017〕100 号）（以下简称《试点方案》）提出此次试点的政策目的在于：在集体建设用地上建设租赁住房，增加租赁住房供应，缓解住房供需矛盾，构建购租并举的住房体系，建立健全房地产平稳健康发展长效机制，拓展集体土地用途，拓宽集体经济组织和农民增收渠道，丰富农村土地管理实践，促进集体土地优化配置和节约集约利用，加快城镇化进程。《试点方案》的政策目的可以从三个维度进行解读：①从农民角度而言，此次试点重在扩宽农民增收渠道，增

---

〔1〕 郭洁、赵宁：《论保障房用地法律制度的创新》，载《法学杂志》2014 年第 1 期，第 76 页。

〔2〕 杨勤法：《房改政策异化后的保障房》，载《法学杂志》2011 年第 S1 期，第 83 页。

加农民财产权益。早在2016年11月,《中共中央、国务院关于完善产权保护制度依法保护产权的意见》就指出:赋予农民更多财产权利,增加农民财产收益。这是党和政府长期以来高度重视的三农问题之一。②从房地产角度而言,此次试点旨在增加租赁住房供应,缓解住房供需矛盾,促进房地产业健康发展。2016年12月中旬,中央经济工作会议提出,要坚持"房子是用来住的,不是用来炒的"的定位,要求回归住房居住属性。房屋的本质属性是居住,深化住房制度改革就是要求满足最广大人民群众的住房需求,要做到住有所居,这也表明了中央严厉打击住房投机、热炒房价的行为,体现了中央严格抑制房地产泡沫的决心。③从城镇化角度而言,集体建设用地建设租赁住房有助于土地管理和集约化利用,有助于加快城镇化进程。城镇化一个重要的变化就是土地和地域空间利用的变化,建设用地租赁住房入市有助于改善农村土地单一用途,使传统农村以农业为主的特性向多元化产业结构转变,使城镇化的进程更加健康平稳运行。

为了实现三维目的,《试点方案》提出了一系列具体措施,其中有一项规则尤为引人关注:承租的集体租赁住房,不得转租(以下简称不得转租规则)。该规则与《合同法》规定的转租行为存在一定的冲突,如何理解和适用该规则,使之与《合同法》相关规范实现和谐体系共处,是我们正确解读《试点方案》的内容之一。一般而言,作为法律体制有机组成部分之一的民法的立法和理论研究，必须具有更多的政策导向意识。[1]我们有必要站在法律的角度解读政策的问题，但前提是在政策导向意识之下，分析政策本身的实质内核并将其与现行法律乃至于未来可能的立法实践相结合，从而提出一种较为妥适的法律解读。

二、不得转租规则正当性质疑

政策相较于法律而言的优势之一在于其及时性。政策是对时下较为突出的问题进行一种快速应对、及时处理的解决机制，其可以及时提出相应的解决措施；而法律相对而言较为滞后，甚至可以说，法律从其公布时起就已落后于时代。当及时的政策遇到落后的法律，有时会出现规范冲突，如何协调这种冲突是政策制定者和立法者均需面对的制度性难题。正如在公租房建设政策试点时期，有学者指出"利用农村集体建设用地进行公租房建设政策试点实际上突破了法律的刚性规定，将国家公益事业责任交由集体经济组织这一私权主体承担，其合理性也不无疑问。"[2] 同样地，集体建设用地建设租赁住房及不得转租规则也存在这样的刚性障碍。而解决第一个问题则是解决第二个问题的前提性要件，即只有排除了集体建设用地建设租赁

---

〔1〕 薛军：《两种市场观念与两种民法模式——"社会主义市场经济"的民事立法政策内涵之分析》，载《法制与社会发展》2008 年第 5 期，第 94 页。

〔2〕 陈小君、戴威：《对"集体土地上建公租房"政策的法律思考》，载《法律科学》2012 年第 3 期，第 154 页。

住房的合法性质疑，才能进一步探讨不得转租规则的质疑和决疑。

第一，《试点方案》在集体建设用地上建设经营性租赁住房突破了《土地管理法》的刚性规定。该法第43条第1款规定，任何单位和个人进行土地开发建设，原则上需要依法申请使用国有土地，例外情形下可以使用农民集体所有的土地。例外情形主要包括：兴办乡镇企业、村民建设住宅、乡（镇）村公共设施、公益事业建设。农村集体建设用地建设租赁住房存有质疑的是，其不属于乡镇企业、村民住宅、乡村公共设施用地，理应申请使用国有土地，唯有争议的是，集体租赁住房是否属于公益事业建设。如果其不属于公益事业，则也应当申请使用国有土地；如果其属于公益事业，可以使用集体建设用地。

第二，不得转租规则突破了《合同法》的刚性规定。《合同法》第224条规定，承租人经出租人同意，可以将租赁物转租给第三人。承租人未经出租人同意转租的，出租人可以解除合同。最高人民法院《关于审理城镇房屋租赁合同纠纷案件具体应用法律若干问题的解释》第15条规定，承租人经出租人同意将租赁房屋转租给第三人时，转租期限超过承租人剩余租赁期限的，人民法院应当认定超过部分的约定无效。但出租人与承租人另有约定的除外。这两条规定规范了三条规则：①承租人负有不得擅自转租义务，转租需要经过出租人同意；②承租人经出租人同意将租赁房屋转租给第三人时，转租期限超过承租人剩余租赁期限的，人民法院应当认定超过部分的约定无效；

235

③关于剩余租赁期限的问题，出租人与承租人另有约定的依其约定。这三条规则的规范意旨源于承租人转租权，然而《试点方案》明确规定承租集体建设用地上的租赁住房不得转租，其形式上有违《合同法》之规定。

三、不得转租规则正当性决疑——社会正义理论下集体租赁住房的公共属性

（一）基于社会正义论之差别原则的不得转租规则

罗尔斯正义第二原则是差别原则，只有当一项制度的安排被合理地期望适合于每一个人的利益，那么这种不平等才可为接受。精确地运用差别原则通常要求我们具备的信息比能预期的更多，在一项制度的具体安排之下，第二原则发生作用表明，社会、经济政策的目的是在公正的机会均等和维持平等自由的条件下，最大程度地提高最少获利者的长远期望。[1]《试点方案》是为了社会最少获利者的利益而制定，不能转租规则有其正当性。罗尔斯使用正当概念是在实践推理下的正当，不得转租规则也是在我国当下房地产业市场发展的实践背景之下的推理。而这种正当性推理所体现的价值并非道德或伦理层面的基础，而是法律层面的正当概念。罗尔斯将法律层面的正当又区分为国际法和内国法。集体建设用地建设租赁住房体现了强烈的内国法属性，包括社会和个人两个层面。社会层面是社会体

---

〔1〕［美］约翰·罗尔斯：《正义论》，何怀宏等译，中国社会科学出版社2009年版，第156页。

系和社会制度层面的安排，这体现集体建设用地建设租赁住房的价值理念和政策目的，具体而言包括社会经济的效率原则和社会基本结构的正义原则，后者是对前者的限制和补充。社会制度层面的正义观念，一方面是要倾斜保护处于相对弱势地位的农民，增加农民经济收益，让农民共享改革发展的成果，另一方面是要倾斜保护社会收入相对低者的住房需求；社会经济层面的效率价值就是要认可并保护集体建设用地建设租赁住房，以最大化社会效率，从而与社会正义进行良性互动，增加最不利自然资质者的利益，例如城镇低收入者、外来打工者。总的来说，该试点是要"兼顾政府、农民集体、企业和个人利益"。而具体到集体建设用地建设租赁住房关系主体角度，根据罗尔斯观点，个人和集体均有被允许之行为和被要求之事项。承租之个人和出租之集体均有一定的权利并履行一定的义务，正义的法律制度总希望这种社会合作能够实现多方主体的互利共赢，但冲突和不平等总是存在的。为了平衡这种利益冲突，罗尔斯建议适用优先规则，在集体建设用地建设租赁住房中，社会利益要优先于承租人个人利益之保护，所以《试点方案》出于公共利益的考虑，禁止转租行为。这显然是符合个人公平原则、符合社会正义原则的制度安排。政府出台的《试点方案》是政府干预住房租赁市场的政策，政府的根本目的是创造和保护公民或社会的公共利益，这是一个政治体系正义与否的根本标准，无论是个人还是政府有损于公共利益的思想和行为都是非正义的。[1] 所以，从社会正义的根据、标准角度而言，《试点方案》将建设用地租赁住房纳入维护社会公共利益的范畴，维护整个社会政治体系和基本制度正义的范畴，是殊值肯定的。

（二）"房子是用来住的，不是用来炒的"——集体租赁住房公共属性

人类社会的繁衍与发展，得益于不断的试错与纠偏，并受惠于对既往理论与知识的扬弃与提炼。[2] 集体建设用地建设租赁住房也是一个试错与纠偏的过程，在这个过程中我们需要审慎考察该租赁住房使用集体建设用地的性质，对集体建设用地使用理论进行反思与提炼，以更好地适应租赁住房改革制度。集体建设用地是基于非农业建设所使用的集体土地，具体包括宅基地、公益性公共设施用地及经营性建设用地等。[3] 前两者是非经营性质的、公益性质的，而集体经营性建设用地是指以营利为目的进行非农业的生产经营活动所使用的农村建设用地。[4] 如何盘活农村房地上沉睡的资产，缓解农村融资压力，提高农村土地的利用效率，一直是中央关注的重点问题。《物权

---

〔1〕 郭哲、王岳东：《政府干预市场经济的法理分析》，载《法学杂志》2010年第 8 期，第 47 页。

〔2〕 李昌麒、王怀勇：《政府干预市场的边界——以和谐产业发展的法治要求为例》，载《政治与法律》2006 年第 4 期，第 15 页。

〔3〕 侯银萍、吴纪平：《论集体经营性建设用地使用权的物权化改革》，载《辽宁大学学报（哲学社会科学版）》2015 年第 4 期，第 128 页。

〔4〕 韩松：《论农村集体经营性建设用地使用权》，载《苏州大学学报》2014年第 3 期，第 71 页。

法》第151条规定，集体所有的土地作为建设用地的，应当依照《土地管理法》等法律规定办理。2004年修改的《土地管理法》第50条明确规定，地方各级人民政府应当支持被征地的农村集体经济组织和农民从事开发经营，兴办企业。十八届三中全会的《决定》提出："建立城乡统一的建设用地市场。在符合规划和用途管制前提下，允许农村集体经营性建设用地出让、租赁、入股，实行与国有土地同等入市、同权同价。"这明确规定了集体经营性建设用地可以租赁，集体建设用地建设租赁住房试点就是要开发经营农村建设用地，将农村建设用地纳入房地产租赁市场范畴。正如有学者所言，农村建设用地纳入国家建设用地管制范畴，实现农村建设用地使用权与城市建设用地使用权的并轨是必然选择。[1]

不得转租规则的理解也要回归到集体租赁住房的性质，集体租赁住房建立在集体建设用地之上，既关涉农民集体权益，也关涉到国家社会公共利益。为了打击严重干扰房地产市场的投机行为，维护房地产租赁市场稳定，贯彻落实"房子是用来住的，不是用来炒的"的指导方针，《试点方案》基于集体租赁住房的公共性，规定不得转租之内容。"房子是用来住的"，指房地产的第一功能是使用，住宅主要用于生活性使用，该方针

---

〔1〕 高富平:《建设用地使用权制度创新及其立法选择》，载《上海财经大学学报》2013年第2期，第26页。

给中国房地产市场及其调控的健康发展奠定了坚实的基础。[1]
类比于廉租房和公租房的公共性，承租人转租行为应当被限制，
甚至被禁止。[2] 集体租赁住房主要解决生活性使用的问题，现
在《试点方案》还未规定承租人的主体资格要求，也许将来具
体实施意见中会规定承租人的承租要求，比如一户承租人只能
承租一套集体租赁住房。此时如果允许转租，则集体租赁住房
很可能落入资本之手，容易出现资本控制租赁市场的现象，这
与"房子是用来住的，不是用来炒的"指导方针明显相悖，也
与《试点方案》的政策目的不符。从正面角度而言，在政策运
用得当的情况下，在集体建设用地上建设租赁住房的成本要远
低于国有土地上的相同开发，制度上、理论上可保证租赁住房
的价格维持在市场价以下而为中低收入者接受，较充足的房源
也会满足社会对集体租赁住房的阶段性需求。[3] 一言以蔽之，
从集体租赁住房公共性角度而言，《试点方案》符合《土地管理
法》建设用地使用上社会公共利益的要求，其法律刚性障碍可
以得到有效化解。

---

〔1〕 张泓铭：《"房子是用来住的、不是用来炒的"解析——对习近平房地产
核心思想的理解》，载《上海经济研究》2017 年第 7 期，第 17–19 页。
〔2〕 阳雪雅：《公租房若干法律问题思考——以重庆市为重点》，载《法学杂
志》2011 年第 S1 期，第 97 页。
〔3〕 陈小君、戴威：《对"集体土地上建公租房"政策的法律思考》，载《法
律科学》2012 年第 3 期，第 158 页。

四、不得转租规则正当性决疑——社会公共利益否定合同效力

(一) 出租人转租同意权

转租是承租人作为出租人的身份，以租赁物为标的物与次承租人订立租赁合同，另外再成立新的租赁关系，[1] 承租人将租赁物交付次承租人使用、收益，次承租人支付租金。[2] 从比较法角度观察，各国民法对转租行为的态度有所差异，但无论是出租人许可主义、概括法定许可主义还是租约转让与转租区别主义区别对待，它们均认可转租行为的效力，唯一的区别是偏向保护出租人的转租同意权或承租人的转租权的程度不同。[3] 在转租后，同一租赁房屋上存在两份租赁合同，形成两种租赁关系，一种是出租人和承租人之间的租赁关系，一种是承租人和次承租人之间的租赁关系，两种关系两份合同相互独立，出租人与次承租人间并无合同法上的权利义务关系。[4] 但是出租人和次承租人因出租人的转租同意权而形成不可分割的联系，即转租人转租行为需要经过出租人同意，这种同意无论

---

〔1〕 钟小文：《浅析转租法律问题》，载《华南师范大学学报（社会科学版）》2004 年第 4 期，第 36 页。

〔2〕 苏号朋：《转租的法律结构分析——兼评〈合同法〉第 224 条之不足》，载《浙江社会科学》2007 年第 2 期，第 64 页。

〔3〕 冯兴俊：《我国租约转让与租赁物转租制度的完善——兼论我国〈合同法〉第 224 条的修改》，载《法学评论》2015 年第 5 期，第 172-173 页。

〔4〕 王秋良、蔡东辉：《合法转租之次承租人利益保护的若干问题》，载《政治与法律》2003 年第 6 期，第 140 页。

是事前同意还是事后同意均可。由此可见，出租人转租同意权体现了租赁关系中出租人和承租人一定程度上的身份信任，即租赁关系的人身属性。可以说，正是基于这种身份信任、人身属性，法律才赋予出租人转租同意权。出租人同意权的立法宗旨是维护出租人的利益，同意权的控制重点是承租人的转租行为，经出租人同意的转租行为方为有效的转租行为。[1] 这种立法宗旨虽然在一定程度上会阻碍房屋租赁市场的流动性，但是对稳定市场秩序，保护出租人权益却有很大益处。[2] 也可以说，正是基于这种存在同意权的租赁关系中的身份信任、人身属性，政策限制出租人转租同意权，而限制的正当性源于集体建设用地建设租赁住房的公益性，甚至包括国家为了调控房地产市场和稳定租房需求紧张情况的公共利益。

（二）不得转租之规范属性——效力性还是管理性强制规定

《合同法》第52条规定，合同违反法律、行政法规的强制性规定无效。《最高人民法院关于适用〈中华人民共和国合同法〉若干问题的解释(二)》(以下简称《合同法解释（二）》)第14条规定，合同法第五十二条第（五）项规定的"强制性规定"，是指效力性强制性规定。《最高人民法院关于当前形势下审理民商事合同纠纷案件若干问题的指导意见》第15条规定，人民法院应当注意根据《合同法解释（二）》第十四条之规

---

〔1〕 陈传法：《论转租——以次承租人租赁权的物权化为中心》，载《中国社会科学院研究生院学报》2017年第3期，第117页。
〔2〕 朱巍：《论房屋转租》，载《河北法学》2010年第5期，第35页。

定，注意区分效力性强制规定和管理性强制规定。违反效力性强制规定的，人民法院应当认定合同无效；违反管理性强制规定的，人民法院应当根据具体情形认定其效力。也就是说，强制性规定区分为效力性强制规定和管理性强制规定，违反效力性强制规定的合同必然无效，违反管理性强制规定的合同不必然有效，人民法院可以根据实际具体情况判断合同效力。关于如何区分这两种强制性规定，该意见第 16 条规定，如果强制性规范规制的是合同行为本身即只要该合同行为发生即绝对地损害国家利益或者社会公共利益的，人民法院应当认定合同无效。如果强制性规定规制的是当事人的"市场准入"资格而非某种类型的合同行为，或者规制的是某种合同的履行行为而非某类合同行为，人民法院对于此类合同效力的认定，应当慎重把握。具体到不得转租规则，实践中仍需进一步判断该规定的强制程度如何：如果该规定属于效力性强制规定，则转租行为属于无效法律行为；如果该规定属于管理性强制规定，则转租行为不必然无效，根据最高人民法院指导意见的精神，原则上应当认为合同有效，例外地可以认定合同无效。首先，需要说明的是，目前而言，讨论不得转租规则的强制程度对于转租行为效力的判断并没有现实意义，因为《试点方案》仅仅是两部委联合发布的政策文件，从法源层级的角度而言，其仅仅属于政府规章，还不能构成对合同效力判断的影响。本书的探讨是建立在将来该规定被写入行政法规甚至是法律的基础之上，该规定的法政策属性十分明显，一旦试点成功，极有可能被上升为影响合同效力的法源层级。其次，效力性强制规定侧重的是该规定直指合同行为本身即只要该合同行为发生即绝对地损害国家利益或者社会公共利益的，这种效力性强制规定与《合同法》第52条第4项之规定的界限依然模糊不清；而管理性强制规定侧重于规制当事人的"市场准入"资格而非某种类型的合同行为，或者规制的是某种合同的履行行为而非某类合同行为；这里包括两种情形的管理强制，一种是市场主体准入资格的管理，一种是合同履行行为的管理，两种管理规定均不针对合同行为本身，即合同行为本身之效力依据合同效力判断之规则判定而不依赖于市场主体资格或履行行为管理。具体到不得转租规则，目前该《试点方案》并没有明确承租人的具体限制性条件，可以视为不存在"市场准入"资格的限制；但是该规定直接针对转租行为，即属于合同履行行为的管理，所以究其本质而言，该规定宜认定为管理性强制规定。原则上，承租人转租行为应当认定为有效。

（三）不得转租规则强制适用正当性——基于禁易规则的公共利益限制

两部委出台《试点方案》规定"承租的集体租赁住房不得转租"已牵涉到该规定与《合同法》第224条的冲突与矛盾，如果说《合同法》之规定是维护市场秩序之规范，那么两部委之《试点方案》就是政府行为对市场的干预。经济法就是规制需要由政府干预的领域，以调整对象的社会公共性为本质特征，[1] 政府干预的市场行为需具有一定的公共性影响。政府与市场不是对立的关系，而是功能互补的关系，市场会出现失灵的情况，这就需要由政府对市场进行适当干预，以政府宏观调控之手促进经济平稳运行。[2] "承租的集体租赁住房不得转租"之规定因具有社会公共性而受广泛关注，允许转租可能使得资本绑架租赁市场，资本干预房屋租赁价格，从而阻碍《试点方案》所追求目的的实现。《试点方案》对于转租行为的禁止也正是考虑了集体租赁住房的社会公共性，房子不是用来炒的，那么，这种公共性是否强大到足够引起我们慎重把握管理性强制规定的效力，以至于使不得转租规则能够强制适用于转租行为否定性效力判断？禁易规则或许能为我们提供一种分析范式。

一个社会在特定领域的规则选择，对应着国家权力干涉社会生活的不同程度，体现了法律背后的观念变化和权力博弈。不得转租之规定其合理性也是显而易见。法理上，限制转让的理由可能来源于信仰或者伦理。[3] 这里的伦理包括政策，例如毒品、武器等限制转让，《试点方案》基于房地产调控的正当理由而限制转租也是源于伦理的限制，更多的是社会伦理、社会

---

〔1〕 邓纲：《侵权之诉还是政府干预》，载《现代法学》2001 年第 1 期，第 80 页。

〔2〕 董延林、王秉春：《经济法与政府干预经济的法治化》，载《学习与探索》2003 年第 6 期，第 42 页。

〔3〕 欧洲民法典研究组、欧洲现行私法研究组编著：《欧洲私法的原则、定义与示范规则：欧洲示范民法典草案》，法律出版社 2014 年版，第 131 页。

公共利益、建设用地使用权公共性的限制。"卡—梅框架"是分析法律规则选择的重要工具，其中禁易规则和经发展的管制规则都涉及对市场主体行为的法律干预，对于《试点方案》的解读具有一定的解释力。禁易规则不同于管制规则，依照"卡-梅框架"，禁易规则的基本含义，是在明确法益归属的同时，却"不许法益在即使是自愿的买卖双方之间进行转让"。管制规则是指，法律规则的内容，既非市场"禁易"，亦非"财产"流转，也不同于"责任"补偿，而是从公共利益的角度对法益交易施加了具体的法定标准。禁易规则和管制规则的区别显而易见，禁易规则旨在禁止特定法益的市场交易，而管制规则是允许甚至鼓励特定法益的市场交易，但是对法益的交易价格做出了管制。[1] 从禁易规则和管制规则的区分之维，"承租的集体租赁住房不得转租"之规定属于禁易规则：其一，特定法益的归属是明确的，承租人对集体租赁住房享有租赁权，出租人对转租具有同意权，这点毫无争议；其二，该规则禁止承租人转租交易行为，而并不是限制转租交易行为的价格，这是对交易主体资格的限制，即对转租人转租行为主体资格的限制，这符合禁易规则的本质，因为禁易规则涉及特定法益的交易主体资格的限制；其三，该规定并不保护私人之间的自由交易，即使租赁合同中明确约定出租人同意转租，该约定也违反不得转租规定之规范目的，而管制规则却需要保护私人之间的自由交易。

<hr>

〔1〕 凌斌：《法律救济的规则选择：财产规则、责任规则与卡—梅框架的法律经济学重构》，载《中国法学》2012 年第 6 期，第 8-15 页。

基于禁易规则之认识，不得转租之规定已涉及较为广泛的社会公共利益，需要慎重把握转租行为的效力，如果该规定上升为法律或者行政法规，司法实践中法院在认定转租行为效力时需要慎重把握，因其违反禁易规则之内核，宜径行认定转租行为无效。

五、余言

不得转租规则虽可认定为禁易规则而使转租行为无效，但这种规则仍属于事后救济模式，不能体现法律的预防功能，而预防功能最好的体现则是事前风险防范。从转租风险之规避角度而言，政府可以通过指导合同内容的形式，将出租人不同意转租之内容写入集体租赁住房合同中，甚至该规定可以成为合同中的格式条款。这样就可以满足《合同法》第 224 条之规定，也符合不得转租规定之政策旨趣。此外，《试点方案》尝试将集体建设用地用于建设租赁住房，这种模式是否终将走向保障房性质也是值得我们进一步关注的。2007 年《廉租住房保障办法》的规范目的在于，促进廉租住房制度建设，逐步解决城市低收入家庭的住房困难。中国廉租房制度本质上采取的是一种慈善性福利模式而不是权利性福利模式，主要解决的问题是城市低收入家庭的住房困难，承担着解决社会贫富差距过大、维系社会稳定与和谐的基本功能，让那些处于弱势的群体生存下去是落实稳定与和谐的首要目标，[1] 而《试点方案》采用的是权利性福利模式，集体作为出租人可以和承租人进行价格谈判，承租人享有的是租赁权，这种租赁权不像廉租房那样基于特定主体身份的租赁权。2009 年起，公租房建设开始如雨后春笋般发芽。公租房全称为公共租赁住房，也属于保障性住房，它不仅面向符合规定条件的城镇中等偏下收入住房困难家庭、新就业无房职工，也面向在城镇稳定就业的外来务工人员出租。公租房具有明显的社会福利性，是我国迈向"居者有其屋"目标在法治框架内的重大社会政策安排，其更具有维护社会安全以及促进社会公平正义的重大意义。[2] 这就扩大了原来廉租房的适用对象，将外来务工人员也纳入社会租赁住房保障范围，那么集体租赁住房是否也将扮演着这样的角色？就目前来看，集体建设用地建设租赁住房制度的建立主要是为了缓解住房供需矛盾，构建购租并举的住房体系，建立健全房地产平稳健康发展长效机制，目前还没有对适用对象进行限制，也没有具体的租赁价格优惠政策，至于将来是否会有相关优惠政策及具体适用限制，那就让我们拭目以待。

---

〔1〕 郑智航：《中国适当生活水准权制度反思——以中国的廉租房制度为例》，载《法商研究》2010 年第 6 期，第 67 页。

〔2〕 张震：《社会权国家义务的实践维度——以公租房制度为例》，载《当代法学》2014 年第 3 期，第 38、45 页。